초 | 중급편

임명수 | 하야시 토모코 저자

한자용어로
배우는 日本語

文
學社

머리말

이 교재는 기초 및 중급 수준의 일본어 한자용어를 효과적으로 익힐 수 있도록 고안된 학습서이다. 우리나라와 일본은 똑같은 한자문화권에 속해 있다. 그러나 한자를 활용하는 면에서 두 나라 사이에는 차이가 있다. 우리나라에서는 굳이 한자를 익히지 않더라도 일상생활을 하는데 큰 불편을 느끼지 못한다. 이에 반해 일본에서는 거의 모든 말과 표현에 한자가 사용되는 까닭에, 초등학교 저학년에서부터 한자학습에 많은 시간과 노력을 기울인다. 이는 달리 표현하자면, 한자에 대한 정확한 이해와 습득이 없이는 일본어를 마스터 할 수 없다는 말이 된다. 일본어 실력을 비약적으로 향상시키려는 학습자에게 있어서 한자 습득은 반드시 극복해야 할 과제가 아닐 수 없다.

대진대학교 일본학과 교수진은 지난 10여 년 간의 일본어 교육을 통해, 일본어 한자를 효과적으로 익힐 수 있는 방법을 끊임없이 모색해 왔다. 일본어 한자를 익히는 과정에서 학습자들이 특히 어렵게 느끼는 사항은 무엇인지, 또 한자 습득이 곧바로 실생활에 적용되지 못 하는 이유는 어디에 있는지, 등에 관해 고민하면서 그 해결책을 제시하고자 노력해 왔다. 본 교재는 이러한 장기간에 걸친 심사숙고의 과정을 거쳐 만들어졌다. 그런 만큼 내용에는 일본어 한자를 단기간에 효과적으로 습득할 수 있는 여러 가지 방안이 망라되어 있다. 한자학습의 효과를 높이고자 한자용어를 중심으로 한자를 익히도록 하였고, 이렇게 익힌 한자가 실제 일상생활에서 곧바로 사용될 수 있도록 적절한 예문을 곁들여 놓았다. 그밖에 과중한 학습부담은 일본어 자체에 대한 흥미를 떨어뜨릴 우려가 있다고 보고, 관련 용어의 제시를 최소화하였다. 다만 학습자에 따라서는 한자용어가 다소 어렵게 느껴질 수도 있겠으나 이것은 일상회화에 곧바로 활용될 수 있는 한자용어를 선택하는 과정에서 발생한 불가피한 현상이라는 점을 미리 밝혀두는 바이다.

　아마도 이 교재를 선택한 일본어학습자는 짧은 기간에 일본어 정복이 그리 멀지 않음을 실감하게 될 것이라고 확신한다. 앞으로도 우리 교수진은 일본어교육을 위한 공동연구를 게을리 하지 않을 것이며, 본 교재에 대해서도 수정과 보완을 계속해 갈 것이다.

2005년 11월
저자일동

목차

한자용어로 배우는 日本語

① 社会（Ⅰ）

1

社会【名】しゃかい

人間が集まって生活を営むその集団。世の中。

[地域(ちいき)－・－問題(もんだい)]

例文 ① 現代社会はさまざまな問題をかかえている。

　　　현대사회는 여러 가지 문제를 안고 있다.

　　② 大学を卒業したら、社会に出なければならない。

　　　대학을 졸업하면, 사회에 나가지 않으면 안 된다.

2

生活【名】【自】せいかつ

世の中で暮らして行くこと。

[学生(がくせい)－・－費(ひ)]

例文 ① 戦後、国民の生活水準が向上した。

　　　전후, 국민의 생활수준이 향상했다.

　　② 年金は老後の生活を保障してくれる。

　　　연금은 노후생활을 보장해준다.

3 暮らし【名】く（らし）

毎日を過ごして行くこと。生活。

[その日(ひ)ー・ー向(む)き]

例文 ① 経済が発展し、暮らしが豊かになった。

경제가 발전하여 생활이 풍족해졌다.

② 仕事がないので、暮らしが立たない。

일이 없어서 생활이 어렵다.

4 市民【名】しみん

その都市の住民。

[ー運動(うんどう)]

例文 ① 私有の緑地が市民に開放された。

사유녹지가 시민에게 개방되었다.

② 組織的に市民運動を展開する。

조직적으로 시민운동을 전개한다.

5

首都【名】しゅと

その国の中央政府のある都市。首府。

[－圏(けん)]

例文 ① 首都東京は日本の政治、経済の中心地である。

수도 도쿄는 일본의 정치, 경제의 중심지이다.

② 10年後には、首都機能を移転する計画だ。

10년 후에는, 수도기능을 이전할 계획이다.

6

人口【名】じんこう

一定地域内の住民の数。

[読書(どくしょ)－・－密度(みつど)]

例文 ① 世界一、人口が多い国は中国である。

세계에서 인구가 가장 많은 나라는 중국이다.

② ソウルは人口密度が極めて高い。

서울은 인구밀도가 매우 높다.

7

住宅【名】じゅうたく

人が住むための家。

[集合(しゅうごう)ー・ー地(ち)]

例文 ① 住宅ローンを利用して家を建てる。

주택 론을 이용하여 집을 짓는다.

② 駅裏は新しく開発された住宅地である。

역 뒤는 새로이 개발된 주택지이다.

8

世帯【名】せたい

生計を共にする生活体。

[ー主(ぬし)]

例文 ① 一人暮らしが増えると、世帯数も増加する。

독신생활이 증가하면 세대수도 증가한다.

② 私の家では父が世帯主です。

우리 집에서는 아버지가 세대주입니다.

9

地域【名】ちいき

ある観点から見たひとまとまりのものとして他と区別されるかなり広い土地。

[戦闘(せんとう)-・-社会(しゃかい)]

例文 ① 地域住民の意見を行政に反映してほしい。

지역주민의 의견을 행정에 반영했으면 좋겠다.

② イラクへの派兵は非戦闘地域であることが原則だ。

이라크 파병은 비 전투 지역인 것이 원칙이다.

10

都市【名】とし

人が多く集まり、政治・経済・文化の中心になっている所。都会。

[国際(こくさい)-・-計画(けいかく)]

例文 ① 新しい都市計画が発表された。

새로운 도시계획이 발표되었다.

② ローマには古代都市の遺跡が多い。

로마에는 고대도시의 유적이 많다.

11

地方【名】ちほう

首都および、それに準じる大都市以外の地域。いなか。

[関東(かんとう)－・－自治体(じちたい)]

例文 ① 私の生まれ故郷は東北地方の仙台である。

내가 태어난 고향은 도호쿠 지방의 센다이이다.

② 最近、地方分権がしきりに叫ばれている。

최근, 지방분권이 거듭 주장되고 있다.

12

世論【名】よろん / せろん

それぞれの問題についての世間の人の考え。

[－調査(ちょうさ)]

例文 ① 憲法改正の世論が高まりつつある。

헌법개정 여론이 높아져 가고 있다.

② NHKが世論の動向を調査する。

NHK가 여론동향을 조사한다.

13

統計【名】【他】とうけい

人・物などのある集団について、その特性を数値的に計って
得られる数値。

[－学(がく)]

例文 ① 世界の人口統計をグラフにする。
　　　세계 인구통계를 그래프화 한다.

② 統計によれば、日本では百歳以上の老人が一万人以上もいる
　そうだ。
　통계에 의하면, 일본에는 100세 이상의 노인이 1만 명 이상이
　나 있다고 한다.

14

平均【名】【他】【自】へいきん

ふぞろいのないこと。

[－気温(きおん)・－寿命(じゅみょう)]

例文 ① 今年の海苔は品質が平均している。
　　　올해의 김은 품질이 고르다.

② 日本の女性の平均寿命は世界一である。
　일본여성의 평균수명은 세계 제일이다.

15

水準【名】すいじゅん

地位・階級・品質・価値などの高さの標準。

[文化(ぶんか)ー・ー以上(いじょう)]

例文 ① 韓国のIT技術は世界一の水準に達している。

한국의 IT기술은 세계 제일의 수준에 달하고 있다.

② 私の成績は学内でも水準以上だ。

나의 성적은 학내에서도 수준 이상이다.

最も適当な言葉を選びなさい。

1_ 彼はけっこうぜいたくな<u>くらし</u>をしている。

① 刻らし　　② 暮らし　　③ 繰らし　　④ 暗し

2_ 核家族化が進み、一<u>せたい</u>別の人数がだんだん少なくなるという。

① 世代　　② 世帯　　③ 世態　　④ 世論

3_ <u>へいきん</u>して一日3時間勉強している。

① 平均　　② 評均　　③ 均等　　④ 平今

4_ 韓国の＿＿＿はソウルです。

① 地方　　② 首途　　③ 地域　　④ 首都

5_ ブサンは韓国で2番目に大きな＿＿＿である。

① 都市　　② 者市　　③ 都柿　　④ 首都

6_ ＿＿調査の結果、与党の支持率が低いことがわかった。

① 口論　　② 討論　　③ 世間　　④ 世論

7_ 日本の人口は1億2千万人くらいです。

① じんこ　　② にんこ　　③ じんこう　　④ にんこう

8_ 田舎より都会の生活水準が高いとは言い切れない。

① すうじゅん　　　② ずうしゅん
③ すいじゅん　　　④ ずいしゅん

9_ 彼は大学で統計学を勉強したそうだ。

① どうけい　　　② とうけい
③ とけい　　　④ どけい

10_ 都会の人口が増えてきて、住宅問題が深刻になっている。

① しゅうたく　　　② しゅうだく
③ じゅうたく　　　④ じゅたく

② 社会（II）

16

家庭【名】かてい

生活を共にする家族の集まりの場所。

[母子(ぼし)ー・ー用品(ようひん)]

例文 ① 私の理想は家庭的な男性と結婚することだ。

　　　나의 이상은 가정적인 남성과 결혼하는 것이다.

　　② 家庭教師のアルバイトは高収入を確保できる。

　　　가정교사 아르바이트는 고수입을 확보할 수 있다.

17

家族【名】かぞく

同じ家に住む夫婦・親子・兄弟など、近い血縁の人びと。

[核(かく)ー・ー計画(けいかく)]

例文 ① 私の家族は五人だ。

　　　나의 가족은 5명이다.

　　② 昔に比べて、核家族が増えた。

　　　옛날에 비해서, 핵가족이 증가했다

18

男女【名】だんじょ

男と女。

※ 老若男女 (ろうにゃくなんにょ)

[－差別(さべつ)・－共学(きょうがく)]

例文 ① 法律上は男女同権が規定されているが、まだまだ差別が残っている。

법률상으로는 남녀동권이 규정되어 있지만, 아직도 차별이 남아 있다.

② 公立の小・中学校は男女共学である。

공립 초·중학교는 남녀공학이다.

19

結婚【名】【自】けっこん

正式の夫婦関係を結ぶこと。

[恋愛(れんあい)－・－式(しき)]

例文 ① 友人の結婚を祝ってパーティを開く。

친구의 결혼을 축하해서 파티를 연다.

② 結婚準備のため、お金を貯金している。

결혼준비를 위해 돈을 저축하고 있다.

20

離婚【名】【自】りこん

夫婦の関係を解消すること。

[熟年－]

例文 ① 近年、中高年の離婚が増えている。

근래, 중·노년층의 이혼이 증가하고 있다.

② 離婚は結婚よりも難しい。

이혼은 결혼보다 어렵다.

21

出産【名】【他】【自】しゅっさん

子を産むこと。

[女児(じょじ)－]

例文 ① 出産のため、仕事をいったん辞める。

출산을 위해 일을 일단 그만둔다.

② 実家に帰って出産する予定だ。

친정에 가서 출산할 예정이다.

22

出生【名】【自】しゅっしょう / しゅっせい

子が生まれ出ること。誕生。

[－率(りつ)・－届(とどけ)]

例文 ① 日本も韓国も、年々、出生率が下がっている。

일본도 한국도 해마다 출생률이 낮아지고 있다.

② 役所に出生届を提出する。

관청에 출생 신고서를 제출한다.

23

子育て【名】【自】こそだて

子を育てること。育児。

[－支援(しえん)]

例文 ① 子育てに悩む女性が増えている。

아이 양육 때문에 고민하는 여성이 늘고 있다.

② 国や地方自治体の子育て支援が必要だ。

나라와 지방자치단체의 어린이 양육지원이 필요하다.

24 　少子化【名】しょうしか

出生率の低下により、子どもの数が少なくなること。

[－問題(もんだい)・－対策(たいさく)]

例文 ① 少子化が進むと、若い人の社会負担が大きくなる。

소자화가 진행되면 젊은층의 사회부담이 커진다.

② 日本では少子化問題が深刻だ。

일본에서는 소자화 문제가 심각하다.

25 　夫婦【名】ふうふ

結婚している一組の男女。

[おしどり－・－仲(なか)]

例文 ① 日曜日には夫婦そろって出かけることが多い。

일요일에는 부부가 함께 외출하는 일이 많다.

② 子どもを保育園に預けて共働きをする夫婦が増えた。

아이를 보육소에 맡기고 맞벌이를 하는 부부가 늘었다.

26

親子【名】おやこ

親と子。

[－電話(でんわ)・－丼(どん)]

例文 ① 休日は親子でスポーツを楽しむ。

휴일은 부모와 아이가 스포츠를 즐긴다.

② 芸能人のAさんは親子ほど年が違う女性と婚約した。

연예인 A씨는 부모와 자식 정도로 나이 차이가 나는 여성과 결혼했다.

27

家計【名】かけい

一家の生活を維持する経済。一家の生計。

[－簿(ぼ)]

例文 ① 収入が減って家計が苦しい。

수입이 감소하여 가계가 어렵다.

② 家計を支えるため、アルバイトを始めた。

가계를 유지하기 위해, 아르바이트를 시작했다.

28

主婦【名】しゅふ

一家の主人の妻で、家事をきりもりする人。

[専業(せんぎょう)−]

例文 ① 家計を預かる主婦の仕事は思ったよりも忙しい。

가계를 맡는 주부의 일은 생각보다 바쁘다.

② 仕事を辞めて専業主婦になる。

일을 그만두고 전업주부가 된다.

29

家事【名】かじ

家庭生活をいとなむためのいろいろな仕事。掃除・炊事・洗濯・育児など。

[−労働(ろうどう)・−手伝(てつだ)い]

例文 ① 家族が多いので、毎日家事に追われている。

가족이 많아서 매일 가사에 쫓기고 있다.

② 私の理想は仕事と家事を両立させることだ。

나의 이상은 일과 가사를 양립시키는 것이다.

30

暇 【名】 よか

仕事をはなれて、自分の勝手に使える時間。ひま。

[－活用(かつよう)]

例文 ① 余暇の過ごし方が多様化してきた。

여가를 보내는 방법이 다양화해 졌다.

② 一日の生活の中で、もっと余暇時間がほしい。

하루 생활 중에 더 여가시간을 갖고 싶다.

最も適当な言葉を選びなさい。

01_ 娘が去年けっこんして今は夫婦二人切りでさびしいです。

① 結婚　　② 婚姻　　③ 婚約　　④ 既婚

02_ かけいの状況を考えて大学の進学をあきらめた。

① 家庭　　② 家政　　③ 家計　　④ 家系

03_ このクラスは男女合わせて30人です。

① だんじょう　　　② なんじょ
③ だんじょ　　　　④ なんじょう

04_ 離婚率が高いのは深刻な社会問題です。

① けっこん　② せいこん　③ こんやく　④ りこん

05_ 子供の出生を祝ってパーティが開かれました。

① しゅっせい　　　② しゅせい
③ しゅっしょ　　　④ しゅしょ

06_ <u>家事</u>は女性の仕事だと思っている人がいる。

① かじ   ② やじ   ③ いえじ   ④ いえごと

07_ 山本さんご<u>夫婦</u>はとても仲がいいです。

① しゅうふ   ② おっと   ③ ふうふ   ④ ふさい

08_ 韓国も<u>少子化</u>が進み人口があまり増えないという。

① しょうこか   ② しょこか
③ しょうしか   ④ しょしか

09_ 彼は<u>余暇</u>時間を利用して体力づくりに励んでいます。

① ようか   ② よか   ③ よが   ④ ようが

10_ 佐藤さんは<u>子育て</u>のために当分会社を休むつもりだそうです。

① こそだて   ② こうそたて
③ こそたて   ④ こそうだて

① 政治

31

政治【名】せいじ

国を治める活動。

[官僚(かんりょう)ー・ー家(か)]

例文 ① 国民は政治に参加する権利がある。

국민은 정치에 참가할 권리가 있다.

② 前首相の汚職事件は政治不信を招いた。

전 수상의 부정사건은 정치 불신을 초래했다.

32

行政【名】ぎょうせい

国の統治作用のうち、司法・立法以外の国の総称。

[ー改革(かいかく)]

例文 ① 立法・司法・行政の三権はそれぞれ独立している。

입법·사법·행정의 3권은 각각 독립되어 있다.

② 国の行政改革が叫ばれて久しい。

나라의 행정계획이 주장된 지 오래다.

33

.... 議会【名】ぎかい

公選された議員によって、国民や住民の意思を代表・決定する合議制の機関。

[－政治(せいじ)]

例文 ① 議会政治は民主主義の国家の基本である。

의회정치는 민주주의 국가의 기본이다.

② 今後は地方議会の活性化が重要であろう。

앞으로는 지방의회의 활성화가 중요할 것이다.

34

.... 国会【名】こっかい

民選の議員で組織される憲法上の合議制機関。日本では衆議院と参議院。

[－議員(ぎいん)・－議事堂(ぎじどう)]

例文 ① 国会で郵政民営化が議決された。

국회에서 체신 민영화가 의결되었다.

② 日本の国会議事堂は永田町(ながたちょう)にある。

일본의 국회의사당은 나가타쿄에 있다.

35

議員【名】ぎいん

国会や地方議会、その他の会議機関に加わって、議決する権利を持つ人。

[国会(こっかい)－]

例文 ① 衆議院議員の任期は4年である。

중의원 의원의 임기는 4년이다.

② 新人議員の晴れやかな顔が新聞に載っていた。

초선의원의 밝은 얼굴이 신문에 실려 있었다.

36

政府【名】せいふ

行政を行う国家の機関。

[現(げん)－・暫定(ざんてい)－]

例文 ① 政府が外交方針を発表する。

정부가 외교방침을 발표한다.

② この問題については政府内でも慎重論がある。

이 문제에 대해서는 정부 내에서도 신중론이 있다.

37

内閣【名】ないかく

大臣で組織する国の最高行政機関。政府。

[短命(たんめい)－・－総理大臣(そうりだいじん)]

例文 ① 新しい小泉内閣には女性大臣が二名入閣した。

새로운 고이즈미 내각에는 여성 대신이 2명 입각했다.

② 二ケ月ほどで終った短命内閣もあった。

2개월 정도로 끝난 단명한 내각도 있었다.

38

首相【名】しゅしょう

内閣の首長である内閣総理大臣の通称。

[－官邸(かんてい)]

例文 ① 小泉純一郎氏が首相に指名される。

고이즈미 준이치로 씨가 수상으로 지명된다.

② 首相は総裁選挙に意欲を見せる。

수상은 총재선거에 의욕을 보인다.

39

選挙【名】【他】せんきょ

何かの任に当たる人を、その資格・条件に合った人の中から
選び出すこと。

[－運動(うんどう)・国政(こくせい)－]

例文 ① 激しい選挙戦を展開する。

　　　　격렬한 선거전을 전개한다.

　　② 満20歳以上の国民は選挙権を有する。

　　　　만 20세 이상의 국민은 선거권을 가진다.

40

投票【名】【自】とうひょう

選挙や採決の際に、一定の様式にしたがって、選出したい
人の名や賛否などを書いた紙をさし出すこと。

[人気(にんき)－・－用紙(ようし)]

例文 ① 今回の市長選は前回の投票率を下回った。

　　　　이번 시장선거는 지난번 때의 투표율을 밑돌았다.

　　② 芸能人の人気投票ではいつもSMAPが上位に来る。

　　　　연예인 인기투표에는 언제나 SMAP가 상위에 온다.

41

政党【名】せいとう

共通の政見を実行に移すために政権を取ることを目標として結ばれた政治団体。

[－政治(せいじ)]

例文 ① アメリカは共和党と民主党の二大政党政治だ。

미국은 공화당과 민주당의 2대 정당 정치이다.

② 調査の結果を見ると、支持政党なしが50パーセントを超えている。

조사결과를 보면, 지지정당 없음이 50%를 넘고 있다.

42

官僚【名】かんりょう

国の行政面の仕事に従事する人たち。

[－制(せい)・－主義(しゅぎ)]

例文 ① 公務員のうち、政策の決定に係わる人を官僚という。

공무원 중에 정책에 관여하는 사람을 관료라 한다.

② 官僚出身の大臣が増えている。

관료출신 대신이 늘고 있다.

43

自治【名】じち

団体や組織が自分たちの事を自己の責任においてきちんと
処理すること。

[－体(たい)・－会(かい)]

例文 ① 地方自治は住民がその地域の政治に参加できるためにある。

지방자치는 주민이 그 지역 정치에 참가할 수 있기 위해 존
재한다.

② 祖父は地域の自治会活動に熱心だ。

할아버지는 지역자치회 활동에 열심이다.

44

知事【名】ちじ

都道府県の長。

例文 ① 現東京都知事は石原慎太郎氏である。

현 도쿄 도지사는 이시하라 신따로 씨이다.

② 先月、宮城県知事選があった。

지난달, 미아기현 지사선거가 있었다.

45 改革【名】【他】

制度などを改め変えること。

[意識(いしき)－・行政(ぎょうせい)－]

例文 ① いつの時代も組織の改革が必要だ。

어느 시대나 조직개혁이 필요하다.

② 先の衆議院選挙では郵政改革が争点になった。

지난 중의원선거에서는 체신개혁이 쟁점이 되었다.

下から正しい単語を選びなさい。

01_ 国民は<u>せいふ</u>の政策に関心がある。

02_ テレビを通じて<u>こっかい</u>での<u>ぎいん</u>の発表が直接見られる。

03_ 日本の<u>しゅしょう</u>と<u>ないかく</u>にあたる韓国の<u>ぎょうせい</u>機関
は？

04_ <u>せんきょ</u>権のある者はだれでも自由に<u>とうひょう</u>できる。

05_ 加藤さんは日本の<u>せいじ</u>や法律にとても詳しい。

---

① 内閣　　② 政治　　③ 行政　　④ 国会　　⑤ 議員

⑥ 政府　　⑦ 投票　　⑧ 首相　　⑨ 選挙

下から正しい読み方を選びなさい。

0**6**_ 選挙の前には、どちらの<u>政党</u>も政治<u>改革</u>を強く主張するが、その熱気はすぐ冷める。

①せいかく　②せいとう　③かいこく　④かいかく

0**7**_ 地方<u>自治</u>の制度が定着するによって、<u>知事</u>の責任も高くなった。

①ちじ　　②せいとう　③かいかく　④じち

② 法律

46

法律【名】ほうりつ

社会秩序を守るため、国民が従わなければならないと定められたその国の決まり。

[－家(か)]

例文 ① 法律に触れることをしてはいけない。

법률에 저촉되는 행동을 하면 안 된다.

② 法律案は国会で審議される。

법률안은 국회에서 심의된다.

47

憲法【名】けんぽう

その国家の組織・運営の大原則を定めた国家最高の法規。

[平和(へいわ)－・－記念日(きねんび)]

例文 ① 日本国憲法第九条では戦争放棄をうたっている。

일본헌법 제9조에는 전쟁포기를 강조하고 있다.

② 靖国参拝は憲法違反の疑いがある。

야스쿠니 신사참배는 위헌의 여지가 있다.

48

改正【名】【他】かいせい

規則・方式などをあらため変えること。

[－案(あん)]

例文 ① 列車時刻表が改正されたので、本屋に買いに行った。

열차시간표가 개정되었기 때문에 서점으로 사러 갔다.

② 最近、憲法改正が議論されるようになった。

최근에 헌법 개정이 논의되게 되었다.

49

人権【名】じんけん

人間に当然与えられるとされる権利。

[基本的(きほんてき)－・－侵害(しんがい)]

例文 ① 基本的人権が守られている。

기본적 인권이 보호되고 있다.

② 人権侵害については強く非難されなければならない。

인권침해에 대해서는 강하게 비난 받지 않으면 안 된다.

50

権利【名】けんり

物事を自分の意志によってなしうる資格。

[－金(きん)]

例文 ① 生きる権利が保障されなければならない。

생존의 권리가 보장되지 않으면 안 된다.

② 店の権利を子どもに譲った。

가게의 권리를 자식에게 양도했다.

51

義務【名】ぎむ

その立場にある人として当然やらなければいけないとされ
ている事。

[－教育(きょういく)・－感(かん)]

例文 ① 国民としての義務である税金を納める。

국민으로서의 의무인 세금을 납부한다.

② 日本の義務教育は9年間である。

일본의 의무교육은 9년간이다.

52

税金【名】ぜいきん

租税として納めるお金。

例文 ① サラリーマンは高い税金を課せられている。

　　　샐러리맨은 높은 세금을 부과 받고 있다.

　　② 公共事業は国民の税金でまかなわれている。

　　　공공사업은 국민의 세금으로 충당되고 있다.

53

治安【名】ちあん

国家・社会に異変がなく、秩序が保たれていること。

[－維持(いじ)・－部隊(ぶたい)]

例文 ① 犯罪を取り締まり、社会の治安を維持する。

　　　범죄를 단속하고, 사회의 치안을 유지한다.

　　② 日本は治安がいい国と言われる。

　　　일본은 치안이 좋은 나라라고 일컬어지고 있다.

54

事件【名】じけん

出来事。

[殺人(さつじん)－・大(だい)－]

例文 ① 今年は大事件がたくさん発生した。

　　　올해는 대형사건이 많이 발생했다.

　　② 事件の鍵を握る男だ。

　　　사건의 열쇠를 쥔 남자이다.

55

警察【名】けいさつ

社会公共の秩序を維持し、国民の生命・財産を保護すること
を目的とする国家の行政上の機能。また、その機能を持つ
行政機関。

[－官(かん)・－署(しょ)]

例文 ① 警察は市民の安全を守るための組織だ。

　　　경찰은 시민의 안전을 지키기 위한 조직이다.

　　② 道で警察官に呼びとめられた。

　　　길에서 경찰관에게 검문 당했다.

56

裁判【名】【他】さいばん

裁判所が、権利・理非に関する争いを法の適用によって解決すること。また、その過程。

[－官(かん)・－所(しょ)]

例文 ① 裁判は法律に基づいて公正に行われなければならない。

재판은 법률에 의거하여 공정하게 행해지지 않으면 안 된다.

② 裁判にかけて真実を明らかにしよう。

재판에 회부하여 진실을 밝히자.

57

弁護【名】【他】べんご

他人または自分の不利益にならないようにいろいろの理由・論点から主張して譲らないこと。

[自己(じこ)－・－士(し)]

例文 ① 被告人の弁護を依頼する。

피고인의 변호를 의뢰한다.

② 自己弁護ばかり繰り返すのは醜いものだ。

자기변호만 반복하는 것은 추한 일이다.

58

判決 【名】【他】 はんけつ

裁判所が、決定した結果（無罪か有罪か）を判断の根拠を示しながら言い渡すこと。

[－文(ぶん)]

例文 ① 予想通り、無罪判決が下された。

　　　예상대로, 무죄판결이 내려졌다.

② 有罪判決を覆す物的証拠が出て来た。

　　　유죄판결을 뒤엎는 물적 증거가 나왔다.

59

有罪・無罪 【名】 ゆうざい・むざい

裁判の結果、罪を犯したと認められること。または、罪を犯したものとは認められないこと。

[－判決(はんけつ)]

例文 ① 有罪を言い渡される。

　　　유죄를 언도받다.

② 無罪を勝ち取るために最後まで戦うつもりだ。

　　　무죄를 쟁취하기 위해서 마지막까지 싸울 생각이다.

60 　刑務所 【名】けいむしょ

受刑者を収容しておく所。

例文 ① 刑務所に面会に行った。

형무소에 면회하러 갔다.

② 受刑者が刑務所から脱走した事件があった。

수감자가 형무소에서 탈출한 사건이 있었다.

最も適当な言葉を選びなさい。

01_　交通事故があって、＿＿が出動した。

> ① 弁護　　　② 警察　　　③ 守衛　　　④ 警備

02_　遺産相続の問題で、＿＿に詳しい友達にアドバイスを頼んだ。

> ① 憲法　　　② 条約　　　③ 治安　　　④ 法律

下から正しい単語を選びなさい。

03_　けんりを主張する者は、まずぎむを果さなければならない。

04_　ちあん維持のためにも国民のぜいきんは使われる。

05_　この証拠により、じけんはさいばんで検察側の有利な方向にか
　　たむいた。

06_　けんぽうのかいせいについて野党側の意見はかなり違うよう
　　だ。

07_　彼は<u>むざい</u>の<u>はんけつ</u>で感動のあまり涙をながした。

①税金　　②事件　　③裁判　　④権利　　⑤判決
⑥義務　　⑦治安　　⑧憲法　　⑨無罪　　⑩改正

1 国際

61

国際【名】こくさい

自国の中だけにとどまらず、他の国と何らかのかかわりを
持つこと。

[－結婚(けっこん)・－会議(かいぎ)]

例文 ① 民間レベルでの国際交流が深まってきた。

민간차원에서의 국제교류가 깊어졌다.

② 国際感覚の欠如こそ、問題点である。

국제적 감각의 결여야말로 문제점이다.

62

国境【名】こっきょう

他国との領土の境界。

[－線(せん)]

例文 ① 首脳同士が国境を越えて対談する。

수뇌끼리 국경을 넘어서 대담한다.

② 国境なき医師団が紛争地域で医療活動を行う。

국경 없는 의사단이 분쟁지역에서 의료 활동을 한다.

63 国交【名】こっこう

国家間の公式の交際。

[－正常化(せいじょうか)・－断絶(だんぜつ)]

例文 ① 1972年、日本と中国は国交を正常化した。

　　1972년, 일본과 중국은 국교를 정상화 했다.

② 国交がとだえている国には渡航ができない。

　　국교가 단절되어 있는 나라에는 도항할 수가 없다.

64 外交【名】がいこう

外国との交際・交渉。

[－官(かん)・－交渉(こうしょう)]

例文 ① 専門家に外交についての意見を聞く。

　　전문가에게 외교에 대한 의견을 묻는다.

② 将来の夢は外交官になることだ。

　　장래의 꿈은 외교관이 되는 것이다.

65

条約【名】じょうやく

文書に書き記した国家間または国際機関との間での合意。
[平和(へいわ)－]

例文 ① 平和条約を締結する。

평화조약을 체결한다.

② 両国の友好関係と経済協力が条約にうたわれている。

양국의 우호관계와 경제협력이 조약에 강조되어 있다.

66

交流【名】【自】こうりゅう

違った系統のものが互いに行きかい、入りまじること。
[文化(ぶんか)－・国際(こくさい)－]

例文 ① 相互訪問で姉妹校との交流を深める。

상호방문으로 자매교와의 교류를 깊게 한다.

② 子どもたちが未来の国際交流の担い手だ。

어린아이들이 미래 국제교류의 담당자이다.

67

友好【名】ゆうこう

国家・団体・組織など相互の間で、摩擦なく交際し交流すること。

[－国(こく)・－親善(しんぜん)]

例文 ① アジアの国々と友好関係を築くことが重要である。

아시아 여러 나라와 우호관계를 구축하는 것이 중요하다.

② 首脳会談は友好的な雰囲気で進められた。

수뇌회담은 우호적인 분위기로 진행되었다.

68

協調【名】【自】きょうちょう

相違点・利害などを譲り合い、共通の目標に向かって歩み寄ること。

[労資(ろうし)－]

例文 ① 世界平和の実現を目指して各国が協調する。

세계평화의 실현을 목표로 각 나라가 협조한다.

② 彼の欠点は協調性に欠けることだ。

그의 결점은 협조성이 결여된 것이다.

69

協力【名】【自】きょうりょく

力を合わせて物事に当たること。

[－者(しゃ)・－体制(たいせい)]

例文 ① 発展途上国への経済協力を進める。

개발도상국으로의 경제협력을 추진한다.

② アンケートに御協力ありがとうございます。

앙케이트에 협력해 주셔서 감사합니다.

70

両国【名】りょうこく

両方の国。

[日米(にちべい)－]

例文 ① 領土問題は両国間の懸案である。

영토문제는 양국간의 현안이다.

② 冷戦時代、米ソ両国の関係は緊張していた。

냉전시대에 미소양국 관계는 긴장하고 있었다.

71

同盟【名】【自】どうめい

国や組織や個人が共同の目的のために同じ行動をとる事を
約束すること。また、その約束によって生じた関係。

[軍事(ぐんじ)-・-国(こく)]

例文 ① 第二次世界大戦当時、多くの国々で軍事同盟が結ばれた。
제2차 세계대전 당시, 많은 나라에서 군사동맹이 체결되었다.
② 日米は同盟国関係を維持している。
일본과 미국은 동맹국 관계를 유지하고 있다.

72

領土【名】りょうど

領有する土地。一国の主権が及ぶ範囲の土地。

[-問題(もんだい)]

例文 ① 紛争は領土問題から発生することが多い。
분쟁은 영토문제에서 발생하는 경우가 많다.
② 植民地政策によって自国の領土を増やしていった。
식민지 정책에 의해 자국의 영토를 늘려갔다.

73

安全【名】【形】あんぜん

危なくないこと。物事が損傷・損害・危害を受けない、または、受ける心配のないこと。

[家内(かない)−・−地帯(ちたい)]

例文 ① 災害に備えて、安全な場所を確保しておいてください。
　　　재해에 대비하여 안전한 장소를 확보해 두십시오.

② 在外邦人の安全が保証されなければならない。
　　　재외자국민의 안전이 보장되지 않으면 안 된다.

74

首脳【名】【他】しゅのう

その組織の中で、中心となって働く最高の責任者。

[−会談(かいだん)]

例文 ① 各国首脳がなごやかに写真に納まっている。
　　　각국 수뇌가 화기애애하게 사진에 실려 있다.

② 今月10日から、首脳会談が開かれる。
　　　이달 10일부터 수뇌회담이 열린다.

75

公式【名】こうしき

政府・組織体などがそうすることを正規のものとして認め、また、それに関する一切の責任を負う形で何かを行うこと。

[非(ひ)－・－訪問(ほうもん)]

例文 ① 狂牛病の発生を公式に認めた。

광우병 발생을 공식적으로 인정했다.

② 引退した女優が、久しぶりに公式の場に姿を現した。

은퇴한 여자배우가, 오랜만에 공식장소에 모습을 나타냈다.

下から漢字の単語を選びなさい。

01_　ナイアガラの滝はアメリカとカナダの<u>こっきょう</u>にある。

02_　国家間の<u>じょうやく</u>には<u>がいこう</u>官の役割も大きい。

03_　韓国と台湾はまだ<u>こっこう</u>が正常化されていない。

04_　文化<u>こうりゅう</u>が<u>りょうこく</u>の<u>ゆうこう</u>関係におおきな役割を
　　　果たした。

05_　この小説で、彼は<u>こくさい</u>的に有名な作家になった。

06_　<u>どうめい</u>国関係にある日本と米国は互いに<u>きょうりょく</u>した。

07_　6カ国の<u>しゅのう</u>会談が行われるので<u>あんぜん</u>確保に万全をつく
　　　さなければならない。

---

① 国際　　② 国境　　③ 国交　　④ 外交　　⑤ 条約　　⑥ 交流
⑦ 友好　　⑧ 協力　　⑨ 両国　　⑩ 同盟　　⑪ 安全　　⑫ 首脳

76

軍事【名】ぐんじ

軍隊・兵備・戦争に関すること。

[－力(りょく)・－行動(こうどう)]

例文 ① 最近、各国の軍事力増強が報道されている。

최근에 각국의 군사력 증강이 보도되고 있다.

② 軍事専門家の話によれば、ハイテク兵器の性能は驚くばかりだ。

군사전문가의 이야기에 의하면 하이테크 병기의 성능은 놀라울 뿐이다.

77

平和【名】【形】へいわ

戦いや争いがなくおだやかな状態。

[家庭(かてい)－・－運動(うんどう)]

例文 ① 第二次世界大戦後、多くの国々で平和を取り戻した。

제2차 세계대전 후에 많은 나라에서 평화를 되찾았다.

② 核の平和的利用を訴える。

핵의 평화적 이용을 호소한다.

78

　　　防衛【名】【他】ぼうえい

他からの危害を防ぎ守ること。

[正当(せいとう)ー・ー本能(ほんのう)]

例文 ① 市民たちは祖国防衛に立ち上がった。

　　　시민들은 조국방위에 나섰다.

　　② ミドル級のタイトル防衛戦が行われる。

　　　미들급 타이틀 방어전이 열린다.

79

　　　国防【名】こくぼう

外国の侵略に対する国の守備。

[ー色(しょく)・ー力(りょく)]

例文 ① 政府は国防費を増額した。

　　　정부는 국방비를 증액시켰다.

　　② カーキ色を見ると、母は国防色を思い出すと言う。

　　　카키색을 보면, 어머니는 국방색이 생각난다고 한다.

80

戦争【名】【自】せんそう

国家間の争い・紛争を解決するための武力行使に入ること。

[－犯罪人(はんざいにん)・受験(じゅけん)－]

例文 ① 中東で戦争が起きる可能性がある。

중동에서 전쟁이 일어날 가능성이 있다.

② 戦争犠牲者の冥福を祈る。

전쟁 희생자의 명복을 빈다.

81

自衛【名】【他】【自】じえい

自分で自分を守ること。

[－隊(たい)・－手段(しゅだん)]

例文 ① 日本は専守防衛の立場をとる。

일본은 전수방위의 입장을 취한다.

② 自衛隊を災害地域の支援に派遣する。

자위대를 재해지역의 지원을 위해 파견한다.

82

武力【名】ぶりょく

軍事上の力。兵力。

[－行使(こうし)・－衝突(しょうとつ)]

例文 ① 紛争解決のための武力行使を行わない。

분쟁해결을 위한 무력행사를 행하지 않는다.

② 武力に訴えてでも、この問題は阻止しなければならない。

무력으로 호소해서라도 이 문제는 저지하지 않으면 안 된다.

83

核兵器【名】かくへいき

核反応の時に出るエネルギーを利用した兵器。原子爆弾、水素爆弾など。

[－廃絶(はいぜつ)]

例文 ① 核兵器を廃絶する運動に参加する。

핵병기를 폐기하는 운동에 참가한다.

② 広島(ひろしま)で初めて核兵器が使われた。

히로시마에서 처음으로 핵병기가 사용되었다.

84

攻撃【名】【他】こうげき

戦闘・試合・論争などで相手方を攻めること。

[人身(じんしん)－・－手段(しゅだん)]

例文 ① 相手に攻撃を加える。

상대방에게 공격을 가한다.

② 敵の攻撃に報復する。

적의 공격에 보복한다.

85

侵略【名】【他】しんりゃく

他国に攻め入って、その領土を奪い取ること。

[－戦争(せんそう)・－者(しゃ)]

例文 ① 侵略戦争が二度と起こらないよう、国際社会が監視する。

침략전쟁이 두 번 다시 일어나지 않도록, 국제사회가 감시한다.

② 他国の領土を侵略してはならない。

타국의 영토를 침략해서는 안 된다.

86 基地【名】きち

軍事・探検などの行動を起こす根拠地。

[南極(なんきょく)－・－問題(もんだい)]

例文 ① 基地の返還問題に進展があった。

기지 반환문제에 진전이 있었다.

② 南極には日本の昭和基地がある。

남극에는 일본의 쇼와기지가 있다.

87 軍備【名】ぐんび

軍事上の設備や、戦争の準備。

[－縮小(しゅくしょう)・－増強(ぞうきょう)]

例文 ① 各国間で軍備を制限する条約が結ばれた。

각국 간에 군비를 제한하는 조약이 체결되었다.

② アメリカとロシアは軍備縮小に積極的に動き始めた。

미국과 러시아는 군비축소에 적극적으로 움직이기 시작했다.

88

中立【名】ちゅうりつ

当事者（当事国）のどちらにも味方せず、また敵対しない
こと。

[－国(こく)]

例文 ① 議長は中立性を保たなければならない。

의장은 중립을 지키지 않으면 안 된다.

② スイスは永世中立国である。

스위스는 영세 중립 국가이다.

89

内戦【名】ないせん

自国内の勢力の衝突で起こされた、国内の戦争。

例文 ① 内戦から逃れて来た人々の支援が必要だ。

내전으로부터 피해 온 사람들의 지원이 필요하다.

② アフリカで多くの内戦が勃発している。

아프리카에서 많은 내전이 발발하고 있다.

90

難民【名】なんみん

戦災・震災や生活困窮などで居所を失い、または、居所に居
られず安全な地域に逃げて来た人びと。

[就職−]

例文 ① 世界には多くの難民が存在している。

세계에는 많은 난민이 존재하고 있다.

② 難民申請を行ったが却下された。

난민신청을 했지만 기각되었다.

次の説明にあてはまる単語を下から選びなさい。

01_　他からの危害を防ぎまもること（　　　）

02_　自分で自分をまもること（　　　）

03_　武力による国家間の合戦（　　　）

04_　戦いや争いがなく、おだやかな状態（　　　）

05_　軍事、探検などの行動を起こす根拠地（　　　）

06_　外国の侵略に対する国の守備（　　　）

07_　国内の戦争（　　　）

----

①自衛　　②防衛　　③戦争　　④平和　　⑤基地
⑥内戦　　⑦国防

線で結び、正しい一つの言葉にしなさい。

08_　武力　　　　　　行使

09_　軍備　　　　　　国家

10_　中立　　　　　　救済

11_　難民　　　　　　拡張

Chapter **4**   経済/金融

1 経済

91

経済【名】けいざい

社会生活を営むための物の生産・売買・消費などの活動。

[-成長(せいちょう)・-観念(かんねん)]

例文 ① 経済の建て直しが必要だ。

경제재건이 필요하다.

② 経済観念のない男とは結婚しない方がいい。

경제관념이 없는 남자와는 결혼하지 않는 편이 좋다.

92

需要【名】じゅよう

物品を手に入れようとする欲望。

[購買(こうばい)-]

例文 ① 土地の需要が高まる。

토지의 수요가 높아진다.

② 需要を満たすだけの生産力が必要だ。

수요를 충족시킬 만한 생산력이 필요하다.

93

供給【名】【他】きょうきゅう

相手のほしいという物を望み通りに与えること。狭義では、生産者などが商品を市場に出すことや出された商品の量を指す。

[－源(げん)]

例文 ① 原材料の供給量を調査しなさい。

원재료의 공급량을 조사하시오.

② 需要と供給のバランスをとる。

수요와 공급의 균형을 맞춘다.

94

景気【名】けいき

売買・取引などに表れた経済活動の情況。

[不(ふ)－・－変動(へんどう)]

例文 ① 最近は景気が上向いてきた。

최근에는 경기가 상향되었다.

② 景気の冷え込みが激しい。

경기의 위축이 심하다.

95

好況・不況【名】こうきょう・ふきょう

景気のいいこと。
景気が悪いこと。

例文 ① 好況の波に乗って、大企業は利益を上げた。
　　　호황의 여파를 타고, 대기업은 이익을 올렸다.
　　② 不況で外食費をおさえる傾向にある。
　　　불황으로 외식비를 억제하는 경향이다.

96

貿易【名】【自】ぼうえき

外国との商業取引を行うこと。
[対外(たいがい)-・-風(ふう)]

例文 ① 輸入が減少し、貿易赤字が減少した。
　　　수입이 감소하고, 무역적자가 감소했다.
　　② 貿易会社に就職するためには、外国語は必須条件だ。
　　　무역회사에 취직하기 위해서는, 외국어는 필수조건이다.

97

摩擦【名】【他】【自】まさつ

相手や周囲の人と意見・感情の食い違いが起こり、事がうまくいかないこと。

[経済(けいざい)－・貿易(ぼうえき)－]

例文 ① 日本企業の輸出志向が貿易摩擦を生んだ。

일본기업의 수출지향이 무역마찰을 낳았다.

② 上司との摩擦は避けたい。

상사와의 마찰은 피하고 싶다.

98

関税【名】かんぜい

外国から輸入する品物について、税関で徴収する税。

[－率(りつ)]

例文 ① 嗜好品に高い関税を課す。

기호품에 높은 관세를 부과한다.

② 関税を引き下げて輸入品が流通しやすくする。

관세를 내려서 수입품이 유통되기 쉽게 한다.

99

輸出・輸入【名】【他】ゆしゅつ・ゆにゅう

外国へ向けて産物・生産技術などを送り出すこと。

外国の産物を買い入れたり制度などを導入したりすること。

[－超過(ちょうか)・－品(ひん)]

例文 ① 日本車は世界各国に輸出されている。

일본 자동차는 세계 각국에 수출되고 있다.

② 明治時代に西洋近代思想が輸入された。

메이지시대에 서양 근대사상이 수입되었다.

100

赤字・黒字【名】あかじ・くろじ

支出が収入より多いこと。

収入が支出より多いこと。

[－財政(ざいせい)]

例文 ① 今月は家計簿が赤字になった。

이번 달은 가계부가 적자로 되었다.

② 営業力を強化したら、黒字に転じた。

영업력을 강화하자, 흑자로 돌았다.

101

資本【名】しほん

事業をするのに必要なお金・物品など。

[－家(か)・－主義(しゅぎ)]

例文 ① 資本を投じて会社を作った。

자본을 투자해서 회사를 세웠다.

② 外国からの資本流入はその国の経済を左右する。

외국으로부터의 자본유입은 그 나라의 경제를 좌우한다.

102

企業【名】きぎょう

事業の企てをすること。生産・営利の目的で事業を経営する
こと。また、その経営体。

[中小(ちゅうしょう)－]

例文 ① 年末になると、企業倒産が相次ぐ。

연말이 되면, 기업도산이 이어진다.

② 日本経済の動向は大企業が支配している。

일본경제의 동향은 대기업이 지배하고 있다.

103

経営 【名】【他】けいえい

事業を営むこと。また、その運営のための仕組み。

[多角(たかく)-・-参加(さんか)]

例文 ① 経営が軌道に乗り、事業を拡大する。

경영이 궤도를 타서 사업을 확대한다.

② 計画性がないのは、経営者として失格だ。

계획성이 없는 것은, 경영자로서 실격이다.

104

自由 【名】【形】じゆう

他からの束縛を受けず、自分の思うままにふるまえること。

[-化(か)・-貿易(ぼうえき)]

例文 ① 農産物輸入の自由化が進む。

농산물 수입의 자유화가 진행된다.

② どうぞ御自由にお取りください。

맘대로 가지세요.

105

消費【名】【他】しょうひ

金・物・労力などを使ってなくすこと。

[個人(こじん)－・－税(ぜい)]

例文 ① 景気が上向いて消費が伸びてきた。

경기가 향상되어 소비가 늘어났다.

② 米の消費量が年々減っている。

쌀 소비량이 해마다 줄고 있다.

下から漢字の単語を選びなさい。

01_　商品の<u>かかく</u>は、<u>じゅよう</u>と<u>きょうきゅう</u>によって決まる。

02_　<u>けいき</u>が悪いといわれても、国内の自動車会社の<u>ゆしゅつ</u>状況
　　は悪くないそうだ。

03_　<u>ぼうえき</u>摩擦の問題においては<u>かんぜい</u>関係もかなり影響して
　　いる。

04_　<u>きぎょう</u>の<u>けいえい</u>者は自社の<u>りえき</u>ばかり考えてはいけな
　　い。

05_　ヨーロッパを旅行する人は<u>ぶっか</u>の高さに驚く。

06_　クレジットカードを使用することて家族の<u>ししゅつ</u>が急に増え
　　た。

07_　収入のことを考えないで<u>じゆう</u>に<u>しょうひ</u>するのは問題だ。

① 物価	② 貿易	③ 需要	④ 景気	⑤ 消費
⑥ 支出	⑦ 経営	⑧ 企業	⑨ 供給	⑩ 輸出
⑪ 利益	⑫ 自由	⑬ 価格	⑭ 関税	

106

金融 【名】【自】 きんゆう

お金の融通。資金の需要・供給に関すること。

[住宅(じゅうたく)－・－機関(きかん)]

例文 ① 政府は金融の緩和と引き締めで景気の調節を図る。

정부는 금융의 완화와 긴축으로 경기의 조절을 꾀한다.

② 消費者金融には十分気をつけよう。

소비자 금융에는 최대한 주의하자.

107

財政 【名】 ざいせい

国家や地方公共団体が収入・支出をする経済行為。転じて、
会社・団体・家の経済状態。

[国家(こっか)－・－難(なん)]

例文 ① 国家財政を立て直さなければならない。

국가재정을 다시 정비하지 않으면 안 된다.

② 財政難のため、プロ野球球団が売りに出された。

재정난 때문에 프로야구단이 매각에 내놓아 졌다.

108

通貨【名】つうか

法律の定めによって一国内に流通する貨幣。
[－統合(とうごう)]

例文 ① 日本の通貨は円である。

일본의 통화는 엔이다.

② ヨーロッパでは通貨統合により、ユーロが誕生した。

유럽에서는 통화통합에 의해 유로가 탄생했다.

109

利子【名】りし

お金を貸したり預けたりすることによって得られるお金。
元金に対して一定の割合で支払われる。
[無(む)－]

例文 ① 借りたお金には利子をつけて返す。

빌린 돈에는 이자를 붙여서 반환한다.

② 銀行の普通預金の利子はほとんど0パーセントだ。

은행의 보통예금 이자는 거의 0%이다.

円高・円安【名】えんだか・えんやす

為替相場で日本の円の相場が外国の通貨の相場に対してそれまでより高くなること。または、安くなること。

[－傾向(けいこう)]

例文 ① 円高で安い輸入品が大量に入ってくる。

엔고로 싼 수입품이 대량으로 들어온다.

② 輸出産業が円安のため打撃を受ける。

수출산업이 엔화가 싸져서 타격을 받는다.

111

為替【名】かわせ

現金を送る代わりに、手形・小切手・証書などで金銭の受け渡しを済ませる方法。また、その手形などの総称。

[－管理(かんり)・－相場(そうば)]

例文 ① 為替相場の変動に注目する。

외환시세 변동에 주목한다.

② 海外へは外国為替で送金する。

해외로는 외국환으로 송금한다.

112

市場【名】しじょう

売手と買手とが規則的に出会って取引を行う組織。

[金融(きんゆう)ー・ー調査(ちょうさ)]

例文 ① 市場の動向を見て、日銀は公定歩合を引き下げた。

시장의 동향을 보고, 일본은행은 공정보합을 내렸다.

② 新しい商品の開発には市場調査が前提になる。

새로운 상품개발에는 시장조사가 전제가 된다.

113

売買【名】【他】ばいばい

売ることと買うこと。売り買い。

[ー契約(けいやく)]

例文 ① 外国為替市場でドルや円が売買される。

외국환시장에서 달러와 엔이 매매된다.

② 土地の売買契約をした。

토지의 매매계약을 했다.

114

株式【名】かぶしき

株式会社の資本を平等に分けた一つひとつ。

[－会社(かいしゃ)]

例文 ① 会社を設立し、株式を発行する。

　　　회사를 설립하여, 주식을 발행한다.

　　② 松下電器産業株式会社に就職した。

　　　마쓰시타 전기산업주식회사에 취직했다.

115

投資【名】【自】とうし

利益を見込んで事業に資本を出すこと。

[海外(かいがい)－・－家(か)]

例文 ① 個人の投資家が所有する株式は銀行や企業に比べて少ない。

　　　개인의 투자가가 소유하는 주식은 은행과 기업에 비해 적다.

　　② 友人の新しい事業に投資をして失敗した。

　　　친구의 새로운 사업에 투자를 해서 실패했다.

116

証券 【名】 しょうけん

株券・公社債権など、財産法上の権利・義務について記載した紙片。

[－会社(かいしゃ)・－取引所(とりひきじょ)]

例文 ① 証券会社は株式を発行して手数料を取る。

증권회사는 주식을 발행하여 수수료를 취한다.

② 新聞で証券アナリストの株式情報を毎日読んでいる。

신문에서 증권분석가의 주식정보를 매일 읽고 있다.

117

収支 【名】 しゅうし

収入と支出。

[貿易(ぼうえき)－・－決算(けっさん)]

例文 ① 今年度の貿易収支は黒字に転じた。

금년도의 무역수지는 흑자로 돌아섰다.

② 日本での収支決算は、普通三月期に行う。

일본에서의 수지결산은, 보통 3월기에 한다.

118

利益【名】りえき

都合がよかったり役に立ったりすること。もうけたもの。
とく。

[純(じゅん)－]

例文 ① 下半期にはようやく利益があがった。
  하반기에는 겨우 이익이 올랐다.
② この提案は両国の利益にかなうはずだ。
  이 제안은 양국의 이익에 부합될 것이다.

119

物価【名】ぶっか

物の値段。物品の市価。

[－指数(しすう)・－高(だか)]

例文 ① 物価を抑える政策が求められる。
  물가를 억제하는 정책이 필요하다.
② 日本の物価高は世界でも有名だ。
  일본의 물가고는 세계에서도 유명하다.

120 價格【名】かかく

値段のこと。

[販売(はんばい)-・-破壊(はかい)]

例文 ① 商品の価格は需要と供給の関係で決まる。

상품의 가격은 수요와 공급의 관계에서 결정된다.

② さまざまな商品で価格破壊が進んでいる。

여러 가지 상품에 가격파괴가 진행되고 있다.

最も適当な言葉を選びなさい。

01_　銀行は代表的な<u>金融</u>機関である。

　　　① きんゆう　② ぎんゆう　③ きんよう　④ ぎんよう

02_　アメリカの<u>通貨</u>はドルである。

　　　① とおか　　② とうか　　③ つうか　　④ つか

03_　最近、この地域の不動産<u>売買</u>はあまり見られない。

　　　① ばいまい　② ばいばい　③ まいばい　④ まいまい

04_　彼は<u>証券</u>会社に勤めている。

　　　① しょうげん　　　　② しょうし
　　　③ じょうけん　　　　④ しょうけん

05_　日頃、＿＿ドル高の状況がつづいている。

　　　① 円高　　② 円安　　③ 円低　　④ 円貨

0**6_** 海外旅行の際には外国の___レートについて調べる必要かある。

①為替　　②買わせ　　③交わせ　　④為買

0**7_** 最近、預金の利子が低くなり、不動産<u>投資</u>が増えているそう
だ。

①どうし　　②とし　　③とうし　　④どし

① 産業

121

産業【名】さんぎょう

生産に従事ずる事業。

[－革命(かくめい)・－構造(こうぞう)]

例文 ① 常に、新しい産業を育成しなければならない。

항상 새로운 산업을 육성하지 않으면 안 된다.

② 戦後、産業構造が変わった。

전후 산업구조가 변했다.

122

生産【名】【他】せいさん

人間生活に必要な品物を作り出すこと。

[－者(しゃ)・－地(ち)]

例文 ① コストを引き下げ生産性を高める。

코스트를 내려 생산성을 높인다.

② 電化製品の生産過剰が心配される。

가전제품의 생산과잉이 걱정된다.

123

自給【名】【他】じきゅう

自分に必要な物資を自分の力で自分の手もとで作り出して
まかなうこと。

[－自足(じそく)・－率(りつ)]

例文 ① 日本の食糧自給率はかなり低い。

일본의 식량자급률은 꽤 낮다.

② 都会を離れ、自給自足の生活にあこがれる。

도시를 떠나 자급자족의 생활을 동경한다.

124

製造【名】【他】せいぞう

原料を加工して商品となる物品や機械をつくること。

[－業(ぎょう)・－元(もと)]

例文 ① 製造業の中で日本の自動車メーカーは好調だ。

제조업 중에서 일본의 자동차 메이커는 호황이다.

② パッケージに製造元が明記されている。

포장지에 제조원이 명기되어 있다.

125

農産物【名】のうさんぶつ

農業によって作られる生産物。

例文 ① 大規模農業の導入によって農産物の価格が安くなる。

대규모 농업 도입에 의해서 농산물의 가격이 싸진다.

② 農産物の輸入自由化は、日本の農業に深刻な問題を与える。

농산물의 수입 자유화는 일본농업에 심각한 문제를 안겨준다.

126

製品【名】せいひん

原料や材料を加工して大量に作られた商品。

[新(しん)ー・外国(がいこく)ー]

例文 ① 各メーカーは自社製品のよさを弘報する。

각 메이커는 자사제품의 좋은 점을 홍보한다.

② 毎年10月に新製品の発表を行う。

매년 10월에 신제품 발표를 한다.

127

商品【名】しょうひん

売るために作られた、陳列された物。

[－券(けん)・－価値(かち)]

例文 ① 新しい商品開発を行う。

새로운 상품개발을 한다.

② 雑種犬は商品価値がない。

잡종견은 상품가치가 없다.

128

流通【名】【自】りゅうつう

通貨・手形・証券などが広く世間に通用すること。

[－機構(きこう)・－経路(けいろ)]

例文 ① 流通システムを組織化する。

유통 시스템을 조직화한다.

② この建物は空気の流通が悪い。

이 건물은 공기유통이 나쁘다.

129

販売【名】【他】はんばい

商品などを売りさばくこと。

[通信(つうしん)－・－元(もと)]

例文 ① 販売促進のため街頭で宣伝する。

판매촉진을 위해 가두에서 선전한다.

② 通信販売は忙しい人にとって便利な方法だ。

통신판매는 바쁜 사람에게 있어 편리한 방법이다.

130

宣伝【名】【自】【他】せんでん

そのものの存在・よさなどを大衆に分かるように説明して広めて行くこと。

[自己(じこ)－・－文句(もんく)]

例文 ① インターネットで新製品の宣伝をする。

인터넷으로 신제품 선전을 한다.

② はでな宣伝に釣られて、いらないものを買ってしまった。

화려한 선전에 끌려, 필요 없는 것을 사버렸다.

131

経費【名】けいひ

その事を行うのに必要な、いつも決まってかかる費用。

[必要(ひつよう)ー・ー削減(さくげん)]

例文 ① 海外出張には相当の**経費**がかかる。

해외출장에는 상당한 경비가 든다.

② 官公庁の**経費**削減が必要だ。

관공서의 경비 삭감이 필요하다.

132

代金【名】だいきん

品物の買手が売手に払うお金。

[ー引換(ひきかえ)]

例文 ① その製品の100ダースの**代金**はいくらになりますか?

이 제품의 100 다스의 대금은 얼마 됩니까?

② 通信販売は普通**代金**引換で購入する。

통신판매는 보통 대금과 상환하여 구입한다.

133

売上【名】うりあげ

一定期間に商品などを売ったお金の総額。売上金。

[－金(きん)・－高(だか)]

例文 ① スーパーよりもコンビニの売上が伸びている。

슈퍼보다도 편의점의 매상이 늘고 있다.

② 今年度の売上高は3億円を見込んでいる。

금년도 매상고는 3억 엔을 예상하고 있다.

134

石油【名】せきゆ

地中からわき出る、液体・油状の燃料。

[－化学工業(かがくこうぎょう)・－ストーブ]

例文 ① 日本の会社が中東で石油を掘り当てた。

일본 회사가 중동에서 석유를 찾아냈다.

② 今年は原油高で石油が高い。

올해는 원유고로 석유가 비싸다.

135

省エネ 【名】 しょうエネ ← 「省エネルギー」の略

エネルギー資源が不足するのを防ぐため、石油・電力・ガス
などの使用を節約すること。

[－対策(たいさく)]

例文 ① 地球温暖化により省エネ対策は当然のことと考えられる。

지구온난화에 의해 에너지 절약 대책은 당연한 것으로 생각되
어진다.

② 省エネをうたった電化製品が売り出されている。

에너지 절약을 겨냥한 전자제품이 팔리고 있다.

線で結び、最もふさわしい単語にしなさい。

01_ 代金   支払

02_ 自給   経費

03_ 外国   製品

04_ 通信   自足

05_ 旅行   販売

06_ 宣伝   経路

07_ 流通   文句

08_ 産業   構造

最も適当な言葉を選びなさい。

09_ ラーメンの袋には、<u>製造</u>年月日を明記することになっている。

① せいぞ　　② せいぞう　③ さいぞ　　④ さいぞう

10_ この店の<u>売上</u>は一日平均30万円ぐらいだ。

① うりあげ　② まいあげ　③ まいじょう　④ ばいあげ

2 労働

136

労働 【名】【自】ろうどう

賃金・報酬を得るために、体力や知力を使って働くこと。

[肉体(にくたい)ー・ー組合(くみあい)]

例文 ① 少子化で労働人口が低下する。

소자화 때문에 노동인구가 저하한다.

② 労働する喜びを実感できない若者が多い。

노동하는 즐거움을 실감하지 못하는 젊은이가 많다.

137

職業 【名】しょくぎょう

生活を支える手段としての仕事。職。

[ー意識(いしき)・ー病(びょう)]

例文 ① 人間には職業選択の自由がある。

인간에게는 직업선택의 자유가 있다.

② その欄にはあなたの職業を書いてください。

그 란에는 당신의 직업을 써주세요.

138

就職【名】【自】しゅうしょく

新しく職につくこと。

[－戦線(せんせん)・－口(ぐち)]

例文 ① 一流企業への就職を希望する。

일류기업에 취직을 희망한다.

② 知り合いの息子さんに就職口を世話した。

지인의 아들에게 취직자리를 마련해 주었다.

139

組織【名】【他】そしき

一定の役割を持つ物・人が構成する、秩序ある全体。

[－体(たい)・－票(ひょう)]

例文 ① 会社の組織を再編成する。

회사의 조직을 재편성 한다.

② 経営改革は組織を挙げて取り組まなければならない。

경영개혁은 조직을 내세워 수행하지 않으면 안 된다.

140

求人【名】きゅうじん

その職場で働く人を捜し求めること。

[－広告(こうこく)]

例文 ① 高卒の求人が減っている。

고졸자 구인이 감소하고 있다.

② 新聞に求人広告を出して広く人材を求める。

신문의 구인광고를 내서 널리 인재를 뽑는다.

141

雇用【名】【他】こよう

雇うこと。

[終身(しゅうしん)－・－主(ぬし)]

例文 ① 男女の雇用条件は平等でなければならない。

남녀의 고용조건은 평등하지 않으면 안 된다.

② 終身雇用制は、今や過去の労働形態である。

종신고용제는 이미 과거의 노동 형태이다.

142

採用【名】【他】さいよう

適当な人材や意見・方法などをとりあげて用いること。

[臨時(りんじ)－・－試験(しけん)]

例文 ① 私の意見が採用されて、新しい商品ができた。

　　　나의 의견이 채용되어, 새로운 상품이 만들어졌다.

　　② 先月、社員に採用された。

　　　지난달 사원으로 채용되었다.

143

入社【名】【自】にゅうしゃ

その会社に社員となって入ること。

[－試験(しけん)]

例文 ① この会社に入社して三年になる。

　　　이 회사에 입사해서 3년이 된다.

　　② 来年度の入社試験は来月3日に行われる。

　　　내년도 입사시험은 다음달 3일에 행해진다.

144

通勤【名】【自】つうきん

勤務先へ通うこと。

[－電車(でんしゃ)・－時間(じかん)]

例文 ① 毎日の通勤がたいへんだ。

매일 통근이 힘들다.

② 日本のサラリーマンの平均通勤時間は約1時間だ。

일본의 샐러리맨의 평균 통근시간은 약 1시간이다.

145

給料【名】きゅうりょう

労働の報酬として雇用主から支払われるお金。

[－日(び)]

例文 ① 給料は毎月銀行に振り込まれる。

급료는 매월 은행에 입금된다.

② 私の会社の給料日は25日だ。

나의 회사 봉급날은 25일이다.

146

残業【名】【自】ざんぎょう

規定時間後まで残って労働すること。また、その仕事。

[－手当(てあて)]

例文 ① ほとんど毎日残業がある。

거의 매일 잔업이 있다.

② 残業手当が付くのは8時以降で、しかも高くもない。

잔업수당이 붙는 것은 8시 이후이고, 게다가 높지도 않다.

147

定年【名】ていねん

退官・退職するきまりになっている一定の年齢。

[－退職(たいしょく)・－制(せい)]

例文 ① 定年を65歳に延長する企業が増えてきた。

정년을 65세로 연장하는 기업이 늘어났다.

② 定年後は夫婦で海外旅行に行きたい。

정년 후에는 부부동반으로 해외여행을 가고 싶다.

148

失業【名】【自】しつぎょう

生計のための職業を失うこと、または、その職業を得られ
ないこと。

[－者(しゃ)・－保険(ほけん)]

例文 ① 日本の失業率は5パーセントを超えている。

일본의 실업률은 5%를 넘고 있다.

② 政府は失業対策に多くの予算を組むべきだ。

정부는 실업대책에 많은 예산을 편성해야 한다.

149

組合【名】くみあい

目的や利害を同じくする人びとが出資し合い、共同責任で
事業をする約束で出来た組織体。

[労働(ろうどう)－・－運動(うんどう)]

例文 ① 彼は組合運動に熱心だ。

그는 조합운동에 열심이다.

② 大学には生活協同組合（生協）があり、書籍などが安く買え
る。

대학에는 생활협동조합이 있어 서적 등을 싸게 살 수 있다.

150

履歴【名】りれき

その人が今までに経験してきた学業・職業・賞罰など。

[－書(しょ)]

例文 ① 悪いことをすると履歴に傷がつく。

　　　 나쁜 짓을 하면 이력에 흠이 간다.

　　② 履歴書には学歴・職歴・資格などを書く。

　　　 이력서에는 학력・경력・자격 등을 쓴다.

次の説明にあてはまる言葉を下から選びなさい。

01_ 新しく職につくこと。

02_ 適当な人材や意見、方法などを取りあげて用いること。

03_ その職場で働く人を探し求めること。

04_ 人を雇うこと。

05_ その会社に社員となって入ること。

06_ 勤務先へ通うこと。

07_ 生活を支える手段としての仕事、職。

---

① 職業   ② 雇用   ③ 求人   ④ 採用   ⑤ 通勤

⑥ 就職   ⑦ 入社

最も適当な言葉を選びなさい。

08_ 会社に<u>履歴</u>書を提出する。

　　　① れきし　　② りりょく　　③ りれき　　④ りりき

09_ 彼は肉体<u>労働</u>によって生活する。

　　　① ろどう　　② ろうどう　　③ ろどう　　④ ろうど

10_ 労働組合を<u>組織</u>する。

　　　① そしき　　② そうしき　　③ ぞうしき　　④ しょしき

11_ 父は今日も<u>残業</u>だ。

　　　① さんぎょう　　　　② ざんぎょう
　　　③ さんぎょ　　　　　④ ざんぎょ

12_ 韓国では、高学歴者の<u>失業</u>率が高くなっている。

　　　① じつぎょう　　　　② じつぎょ
　　　③ しつぎょう　　　　④ しつぎょ

13_ 毎月のこと、<u>給料</u>日が待ち遠しい。

　　　① きゅうりょう　　　② きゅりょう
　　　③ きゅうりょ　　　　④ ぎゅうりょう

14_ 定年後、自由に海外旅行のできる人がうらやましい。

①でいねん　②ていとし　③ていねん　④でいとし

① 交通

151

交通 【名】【自】こうつう

人や乗り物が道路や線路などを通って、行ったり来たりすること。

[－機関(きかん)・－事故(じこ)]

例文 ① 家から学校まで交通の便がいい。

집에서 학교까지 교통편이 좋다.

② 大都会の交通機関の改善が必要だ。

대도시 교통기관의 개선이 필요하다.

152

輸送 【名】【他】ゆそう

まとまった量の物・人を運ぶこと。

[－機関(きかん)・－量(りょう)]

例文 ① 効率的な輸送計画を提出してください。

효율적인 수송계획을 제출해 주세요.

② 中国への輸送量が増大している。

중국으로 가는 수송량이 증대하고 있다.

153

貨物【名】かもつ

運搬・輸送する荷物。

[－列車(れっしゃ)・－船(せん)]

例文 ① 国内の貨物輸送の9割はトラックが占める。

국내 화물수송의 9할은 트럭이 차지한다.

② 貨物列車が通過しますので、お気をつけください。

화물열차가 통과니까 조심하세요.

154

鉄道【名】てつどう

レールの上を車両を走らせ、人・荷物を運ぶ運輸機関の総称。また、その設備。

[－網(もう)・－車両(しゃりょう)]

例文 ① 鉄道は重要な交通機関だ。

철도는 중요한 교통기관이다.

② 日本は全国隅々まで鉄道網が張り巡らされている。

일본은 전국 구석구석까지 철도망이 뻗어있다.

155

新幹線【名】しんかんせん

在来線と別に、主用都市間を更に短時間で結ぶ特急鉄道幹
線。

[－通勤(つうきん)]

例文 ① 東京から大阪まで、新幹線では2時間半で行ける。

　　도쿄에서 오사카까지 신칸센으로는 2시간 반에 갈 수 있다.

② 東京近県から新幹線通勤をしている人も多い。

　　도쿄 부근 현에서 신칸센 통근을 하고 있는 사람도 많다.

156

空港【名】くうこう

公共用飛行場。エアポート。

[国際(こくさい)－]

例文 ① インチョン空港を経由してヨーロッパに行く。

　　인천공항을 경유해서 유럽으로 간다.

② 空港ビルが新しくなった。

　　공항빌딩이 새로워 졌다.

157

航空【名】こうくう

航空機で空中を飛行すること。

[－会社(かいしゃ)・－写真(しゃしん)]

例文 ① 効率が優先され、航空機の安全が二番目になっている。

효율이 우선되고 항공기 안전이 두 번째로 되어 있다.

② 航空会社への就職は人気がある。

항공회사의 취직은 인기가 있다.

158

高速【名】こうそく

普通より速い速度。

[－道路(どうろ)・－バス]

例文 ① ソウルから釜山まで高速道路が走っている。

서울에서 부산까지 고속도로가 뻗어있다.

② 高速大容量データ通信で、インターネットも早く接続できる
ようになった。

고속 대용량 데이터통신으로, 인터넷도 빨리 접속할 수 있게 되
었다.

159

渋滞【名】【自】じゅうたい

物事がスムーズに進まず、仕事・物・人がつかえること。

[交通(こうつう)ー]

例文 ① 事務が渋滞して、予定の仕事が終わらなかった。

사무가 밀려 예정된 일이 끝나지 않았다.

② 週末の夕方は交通渋滞に巻き込まれる。

주말 저녁은 교통체증에 말려든다.

160

往復【名】【自】おうふく

行って再び戻ること。ゆきとかえり。

[ー切符（きっぷ）・ー葉書(はがき)]

例文 ① 毎日が家と会社の往復だけだ。

매일이 집과 회사의 왕복뿐이다.

② 往復葉書でパーティの出席を確認する。

왕복엽서로 파티의 출석을 확인한다.

161

片道【名】かたみち

行きか帰りかのどちらか一方。

[－切符(きっぷ)]

例文 ① いつ帰るかわからないので、片道切符で日本に行った。

언제 돌아올지 몰라 편도티켓으로 일본에 갔다.

② 片道2時間の道のりはあまりに遠い。

편도 2시간의 거리는 너무 멀다.

162

運賃【名】うんちん

旅客・貨物の運送料金。

[航空(こうくう)－・最低(さいてい)－]

例文 ① 一年のうちに三回も地下鉄運賃が上がった。

일 년 중에 3번이나 지하철 운임이 올랐다.

② 最低運賃はいくらですか。

최저운임은 얼마입니까?

163

乗客【名】じょうきゃく

乗り物に乗る、乗っている客。

[－名簿(めいぼ)]

例文 ① 乗客の皆さん、車内では携帯電話を使用しないでください。

승객 여러분, 차 내에서는 휴대전화를 사용하지 말아 주십시오.

② 乗客名簿には彼の名前がなかった。

승객 명부에는 그의 이름이 없었다.

164

駐車【名】【自】ちゅうしゃ

自動車などをかなりの時間とめておくこと。

[－場(じょう)・－禁止(きんし)]

例文 ① このアパートには駐車場はありますか。

이 아파트에는 주차장은 있습니까?

② ここは駐車禁止です。

여기는 주차금지입니다.

165

事故【名】じこ

不注意などが原因で起こる人災。

[交通(こうつう)ー・ー現場(げんば)]

例文 ① 彼は無事故無違反の模範ドライバーだ。

그는 무사고 무위반의 모범운전자이다.

② 爆発事故が起きた。

폭발사고가 일어났다.

次に説明する単語を下から選びなさい。

01_　飛行場、エアポート。

02_　人や乗り物が行ったり来たりすること。

03_　乗り物の利用の際に払う料金。

04_　行って再び戻ること、ゆきとかえり。

> ① 交通　　　② 空港　　　③ 往復　　　④ 運賃

最も適当な単語を選びなさい。

05_　最近日本には<u>しんかんせん</u>通勤をする人も多いそうだ。
> ① 新幹先　　② 新刊線　　③ 進幹線　　④ 新幹線

06_　車での通勤の際には<u>じゅうたい</u>の時間も考えなければならない。

0**7**_ 鉄道旅行は安全でなお快適だ。

①てつどう　②てつとう　③でつどう　④でつとう

線で結び、ふさわしい単語にしなさい。

0**8**_ 交通　　　　　列車

0**9**_ 貨物　　　　　機関

10_ 乗客　　　　　切符

11_ 高速　　　　　名簿

12_ 事故　　　　　現場

13_ 片道　　　　　道路

14_ 駐車　　　　　禁止

② マスコミ

166

情報【名】じょうほう

ある事柄に関して伝達・入手されるデータの内容。

[－化社会(かしゃかい)・気象(きしょう)－]

例文 ① インターネットなどの情報手段を活用する。

인터넷 등의 정보수단을 활용한다.

② IT社会では個人情報の保護が重要だ。

IT사회에서는 개인정보의 보호가 중요하다.

167

報道【名】【他】ほうどう

新聞・テレビ・ラジオなどのマスメディアがニュースを知らせること。ニュース。

[－機関(きかん)・－陣(じん)]

例文 ① プライバシーをめぐって報道のあり方が問題になった。

프라이버시침해를 둘러싼 보도의 태도가 문제시 되었다.

② 現地からの報道によれば、大きな被害が出たようだ。

현지의 보도에 의하면 큰 피해가 난 것 같다.

168

社説【名】しゃせつ

新聞・雑誌などで、その社の主張・意見としてのせる論説。

[－欄(らん)]

例文 ① 私は毎日社説を読んでいる。

　　　나는 매일 사설을 읽고 있다.

② 社説は新聞社の顔と言われる。

　　　사설은 신문사의 얼굴이라고 한다.

169

取材【名】【自】しゅざい

新聞・雑誌の記事の材料や作品の題材を、ある事件・人から取り集めること。

[－活動(かつどう)・－記者(きしゃ)]

例文 ① 取材で日本各地を旅する。

　　　취재로 일본 각지를 여행한다.

② この小説は伝説に取材している。

　　　이 소설은 전설에서 취재하고 있다.

170

記事【名】きじ

新聞・雑誌の中で、報道を主とした文章。

[三面(さんめん)－・－文(ぶん)]

例文 ① 新聞によって記事の扱い方が違う。

신문에 따라 기사의 취급방법이 다르다.

② 事件や事故のニュースは三面記事である。

사건과 사고의 뉴스는 삼면기사이다.

171

出版【名】【他】しゅっぱん

文書・絵画などを印刷して世間に広めること。

[自費(じひ)－・－社(しゃ)]

例文 ① 新しい美術全集の出版が待たれる。

새로운 미술전집의 출판이 기다려진다.

② 自費出版にはお金がかかる。

자비출판에는 돈이 든다.

172

編集【名】【他】へんしゅう

諸種の材料を集め、書物・雑誌・新聞の形にまとめる仕事。
また、その仕事をすること。

[共同(きょうどう)-・-者(しゃ)]

例文 ① 映画の編集には時間がかかる。

영화의 편집에는 시간이 걸린다.

② スポーツ雑誌の編集者になりたい。

스포츠 잡지 편집자가 되고 싶다.

173

印刷【名】【他】いんさつ

文字・絵・写真などから成る版を利用して、紙・布などに同
一物をたくさん刷ること。

[活版(かっぱん)-・-物(ぶつ)]

例文 ① 今度のテキストはカラー印刷にしよう。

이번 텍스트는 칼라인쇄로 하자.

② 私のイラストを印刷してカードを作った。

나의 일러스트를 인쇄하여 카드를 만들었다.

174

放送 【名】【他】ほうそう

ラジオ・テレビで電波に乗せて種種の番組を送ること。

[有線(ゆうせん)−・−局(きょく)]

例文 ① アメリカ大リーグの実況放送を担当した。

미국 메이저리그의 실황방송을 담당했다.

② NHK放送局に見学に行った。

NHK방송국에 견학하러 갔다.

175

番組 【名】ばんぐみ

放送・演芸・勝負事などの組合せ。また、その順序、出場者
の役割などを書いたもの。プログラム。

[裏(うら)−・新(しん)−]

例文 ① お正月に向けて特集番組を組む。

정월을 목표로 특집 프로그램을 편성한다.

② 木村拓哉主演のドラマは秋の新番組の目玉だ。

기무라타쿠야 주연의 드라마는 가을 새 프로그램의 진수다.

176

録画【名】【他】ろくが

画像をビデオテープなどに記録すること。また、その記録
したもの。

[－予約(よやく)]

例文 ① この映画は録画しておこう。

　　이 영화는 녹화해 두자.

② 今日は帰りが遅いので、好きな番組を録画予約した。

　　오늘은 귀가가 늦기 때문에 좋아하는 프로그램을 녹화 예약했
　　다.

177

記録【名】【他】きろく

後まで伝える必要のある事柄を書きしるすこと。その書き
しるしたもの。

[世界(せかい)－・－映画(えいが)]

例文 ① この裁判を記録に残すことは我々の責任だ。

　　이 재판을 기록에 남기는 것은 우리들의 책임이다.

② 世界記録が破られるのも時間の問題だ。

　　세계기록이 깨지는 것도 시간문제다.

178

出演【名】【自】しゅつえん

テレビ・ラジオの番組に出たり映画・舞台で演技をしたりすること。

[－者(しゃ)・－料(りょう)]

例文 ① テレビ番組にゲスト出演をした。

TV방송에 게스트 출연을 했다.

② 出演者の豪華な顔ぶれが評判になっている。

출연자의 호화멤버가 화제가 되고 있다.

179

特集【名】【他】とくしゅう

雑誌・新聞・放送番組などで、ある特定の問題をめぐって編集すること。

[－番組(ばんぐみ)・－号(ごう)]

例文 ① 来月号ではオリンピックについての特集を組もう。

다음달 호에는 올림픽에 대한 특집을 편성하자.

② 韓流スターの特集号が売れている。

한류스타의 특집호가 팔리고 있다.

180

視聴率【名】しちょうりつ

テレビで、ある番組が視聴を受ける率。

[－調査(ちょうさ)]

例文 ① 視聴率が低ければ、すぐ打ち切りになる。

시청률이 낮으면, 바로 중단이 된다.

② 視聴率調査はわずか数百世帯で行われている。

시청률 조사는 겨우 수백 세대로 행해지고 있다.

次に説明する単語を下から選びなさい。

01_　テレビやラジオでいろいろな番組を送ること。

02_　テレビの番組が視聴されている程度。

03_　テレビ・ラジオ・演劇などに出て演技をしたりすること。

　①出演　　②放送　　③視聴率

最も適当な単語を選びなさい。

04_　彼女は新聞社の<u>へんしゅう</u>部に長く勤めていた。

　①編集　　②偏執　　③扁集　　④編執

05_　好きな番組は<u>録画</u>しておけば、時間のあるとき何度も見れる。

　①りょくが　②りょくず　③ろくが　　④ろくず

06_ あの人に関してはなんの情報もない。

① じょうほう　　　② じょうほ
③ じょほう　　　　④ じょほ

07_ お正月の特集番組として「アジアの韓流」が放送された。

① どくしゅう　　　② とくしゅう
③ どくしゅ　　　　④ とくしゅ

08_ 大学受験の当日、遅れた学生のための輸送作戦が行われた。

① ゆうそう　② ゆそう　　③ ゆうそ　　④ ゆそ

09_ 報道されたより事件は深刻だった。

① ほどう　　② ほうど　　③ ほうどう　④ ほとう

10_ アメリカへ航空便で手紙を出した。

① こうく　　② くうこう　③ こうくう　④ くうこ

線でむすび、最もふさわしい単語にしなさい。

11_ 印刷　　　　　　　活動

12_ 取材　　　　　　　技術

13_ 共同　　　　　　　記事

14_ 新聞　　　　　　　出版

Chapter **7** 科学/環境

① 科学

181

科学【名】かがく

一定領域の対象を客観的な方法で系統的に研究する活動。
また、その成果の内容。特に自然科学をさすことが多い。
[－技術(ぎじゅつ)・－者(しゃ)]

例文 ① 科学の進歩は人類の生活を変えた。

과학의 진보는 인류의 생활을 바꿨다.

② 人文科学と社会科学の研究方法は同じではない。

인문과학과 사회과학의 연구방법은 같지 않다.

182

観察【名】【他】かんさつ

事物の現象を自然の状態のまま客観的に見ること。
[野外(やがい)－・－眼(がん)]

例文 ① 顕微鏡で生物の組織を観察する。

현미경으로 생물의 조직을 관찰한다.

② 街を歩く人を観察するのもおもしろい。

거리를 걷는 사람을 관찰하는 것도 재미있다.

183

実験【名】【他】じっけん

理論や仮説で考えられたことが、実際の場合に当てはまる
かどうかを、いろいろの条件下でためしてみること。

[動物(どうぶつ)－・－台(だい)]

例文 ① 実験した結果をレポートにして提出すること。

실험한 결과를 보고서로 작성하여 제출할 것.

② 実験衛星の打ち上げに成功した。

실험위성 발사에 성공했다.

184

理論【名】りろん

個個ばらばらの事柄を法則的・統一的に説明するため、また
認識を発展させるために、筋道をつけて組み立てたもの。

[－づけ・－家(か)]

例文 ① 理論ではそう言えても、実際にそうなるとは限らない。

이론으로는 그렇게 말할 수 있어도 실제로 그렇게 된다고는 볼
수 없다.

② アインシュタインは相対性理論を考え出した。

아인슈타인은 상대성이론을 생각해 냈다.

185

技術 【名】ぎじゅつ

科学の原理を産業や医療・事務などの活動に役立てて、もの
を生産したりするしかた・わざ。

[－開発(かいはつ)・－革新(かくしん)]

例文 ① 技術を身につけるため、専門学校に入学したい。

기술을 몸에 익히기 위해 전문학교에 입학하고 싶다.

② レオナルドダヴィンチは技術者でもあった。

레오나르도 다빈치는 기술자이기도 했다.

186

開発 【名】【他】かいはつ

山林や原野を切り開いて、宅地・道路・空港・工場やリゾー
トなど、人間生活に直接役立つ用途に当てること。研究な
どを進めて実用化すること。

[研究(けんきゅう)－・リゾート－]

例文 ① 山地を開発して、リゾートタウンを作る計画だ。

산지를 개발하여 리조트 타운을 건설할 계획이다.

② 新製品の開発が進んでいる。

신제품 개발이 진행되고 있다.

187

電子【名】でんし

素粒子の一つ。物質を構成する、最小の帯電粒子。エレクトロン。

[－機器(きき)・－計算機(けいさんき)]

例文 ① 現代において電子メールのない生活は考えられない。

현대는 전자메일이 없는 생활은 생각할 수 없다.

② 電子レンジで3分間加熱してください。

전자레인지로 3분간 가열해 주세요.

188

入力【名】にゅうりょく

機械・機構などに外部から供給するエネルギーや信号・情報。インプット。

[－装置(そうち)・－待(ま)ち]

例文 ① コンピュータにプログラムを入力する。

컴퓨터에 프로그램을 입력한다.

② 入力ミスに注意してください。

입력실수에 주의해 주세요.

189

送信・受信【名】【他】【自】そうしん・じゅしん

電気的な方法で通信を送ること。

他からの通信を受け取ること。

[－機(き)]

例文 ① 友人にメールを送信した。

　　　친구에게 메일을 송신했다.

② 放送衛星からデジタル放送を受信する。

　　　방송위성으로부터 디지털방송을 수신한다.

190

生命【名】せいめい

生物の活動を支える根源の力。物の存立・価値を支えるための一番大切なもの。

[－力(りょく)・－保険(ほけん)]

例文 ① 人間の生命は尊い。

　　　인간의 생명은 소중하다.

② 汚職疑惑によって彼の政治生命も尽きた。

　　　부정의혹 때문에 그의 정치생명도 다했다.

191

細胞【名】さいぼう

生物体を作っている、おもな単位。核を含む原形質のかたまり。

[－組織(そしき)・－分裂(ぶんれつ)]

例文 ① 細胞は生物体の基本構成単位である。
　　　세포는 생물체의 기본구성단위이다.
② 神経細胞は刺激を受けて情報を伝達する。
　　　신경세포는 자극을 받아 정보를 전달한다.

192

遺伝【名】【自】いでん

生物の形質が親から子・孫に伝わる現象。また、伝わること。

[隔世(かくせい)－・－子(し)]

例文 ① 若い頃からの脱毛は親からの遺伝と言われている。
　　　젊었을 때부터의 탈모는 부모로부터의 유전이라고 한다.
② 遺伝子組み替え食品が問題になっている。
　　　유전자조작식품이 문제가 되고 있다.

193

免疫【名】めんえき

病原菌や毒素がからだに入っても病気にかからない、かかりにくいような状態にあること。

[－体(たい)]

① 予防接種を受けて免疫をつくる。
　예방접종을 받아 면역을 만든다.

② 人気スターは中傷記事には免疫になっている。
　인기스타는 흠집 내기 기사에는 면역이 되어 있다.

194

宇宙【名】うちゅう

あらゆる天体を包み込んだ、われわれの周りに果てしなく広がる空間。

[－開発(かいはつ)・－船(せん)]

① 宇宙旅行は現実のものとなりつつある。
　우주여행은 점점 현실화 되고 있다.

② 人間は小宇宙だ。
　인간은 소우주이다.

195

太陽【名】たいよう

地球に熱・光を与え万物をはぐくむ恒星。

[－系(けい)・－電池(でんち)]

例文 ① 太陽エネルギーには多くの可能性がある。

　　　　태양에너지에는 많은 가능성이 있다.

　　② 心に太陽を持って明るく生きよう。

　　　　마음에 태양을 가지고 밝게 살자.

最も適当な言葉を選びなさい。

01_　漁船のSOSを<u>受信</u>した。

    ① じゅうしん　　　　　② しゅうしん

    ③ じゅしん　　　　　　④ しゅしん

02_　人間の体は無数の<u>細胞</u>でできている。

    ① さいぼ　　② さいぼう　　③ さいほ　　④ ざいぼう

03_　将来、<u>うちゅう</u>旅行をするのが私の夢だ。

    ① 宇宙　　　② 宇猫　　　③ 字宙　　　④ 学宙

04_　親の性格が子に<u>いでん</u>する。

    ① 遺転　　　② 移転　　　③ 遺伝　　　④ 遺云

05_　インフルエンザ予防接種をすませたので<u>めんえき</u>ができたと思う。

    ① 免役　　　② 免疫　　　③ 勉疫　　　④ 勉役

線で結び、正しい文にしなさい。

06_ 植物を　　　　　　　　　実験する

07_ 新製品開発に　　　　　　うちたてる

08_ 薬の効果を　　　　　　　身につける

09_ 新しい理論を　　　　　　観察する

10_ 高度な技術を　　　　　　乗り出す

② 環境

196

環境【名】かんきょう

そのものをとりまく外界。それと関係があり、それになんらかの影響を与えるものとして見た場合に言う。

[－保護(ほご)・－汚染(おせん)]

例文 ① 都市化、工業化が進み、環境が悪化した。

　　　도시화, 공업화가 진행되어 환경이 악화되었다.

　　② ゴルフ場開発は自然環境に大きな影響を与える。

　　　골프장 개발은 자연환경에 큰 영향을 준다.

197

自然【名】【形】しぜん

人手を加えない、物のありのままの状態。成行き。この世のあらゆる物の総称。

[－界(かい)・－発生(はっせい)]

例文 ① 子どもたちのため自然を守りたい。

　　　어린이들을 위해 자연을 지키고 싶다.

　　② 健康志向で自然食品がブームだ。

　　　웰빙으로 자연식품이 붐이다.

198

資源【名】しげん

産業の原料や材料になる物質。

[地下(ちか)ー・人的(じんてき)ー]

例文 ① 日本は天然資源に乏しい。

일본은 천연자원이 부족하다.

② 人的資源の育成こそ重要課題だ。

인적 자원의 육성이야말로 중요과제이다.

199

地球【名】ちきゅう

われわれ人類が住んでいる天体。太陽をまわる惑星の一つ。

[ー儀(ぎ)・ー上(じょう)]

例文 ① 地球は水の惑星と言われている。

지구는 물의 혹성이라고 일컬어지고 있다.

② 地球上には様々な生物が共存している。

지구상에는 갖가지 생물이 공존하고 있다.

200

生態【名】せいたい

生物が自然界に生きている実際の状態。

[－系(けい)]

例文 ① 一度壊した生態系を再生するのは容易なことではない。

한번 파괴된 생태계를 재생하는 것은 용이한 일은 아니다.

② 大学生の生態をレポートする。

대학생의 생태를 보고한다.

201

公害【名】こうがい

工場の煤煙・汚水・や自動車の排気ガス・騒音などのために、一般の人びとの健康や日常生活が害されること。

[－対策(たいさく)・－病(びょう)]

例文 ① 経済の高度成長とともに公害が深刻化した。

경제의 고도성장과 함께 공해가 심각해졌다.

② 長い間、公害病で苦しんでいる人がいる。

오랫동안 공해병으로 괴로워하는 사람이 있다.

202

気象【名】きしょう

天候・気温・風の強さなど、大気の状態・現象。

[－台(だい)・－観測(かんそく)]

例文 ① 今日は気象条件が悪い。

오늘은 기상조건이 나쁘다.

② インターネットで最新の気象衛星画像を見ることができる。

인터넷으로 최신 기상위성 화상을 볼 수 있다.

203

予報【名】【他】よほう

観測データなどに基づいて、天気などを事前に推測すること。

[天気(てんき)－・－官(かん)]

例文 ① 天気予報によると、明日は雨が降るそうだ。

일기예보에 의하면, 내일은 비가 온다고 한다.

② 今年の冬は雪が多いという長期予報が出た。

올 겨울은 눈이 많이 내린다는 장기예보가 나왔다.

204

温暖【名】おんだん

気候が穏やかで暖かな様子。

[－前線(ぜんせん)]

例文 ① この地方は温暖な風土である。

이 지방은 온난한 풍토이다.

② 温暖化現象は地球規模の深刻な問題だ。

온난화 현상은 지구 규모의 심각한 문제이다.

205

酸性【名】さんせい

物質が「酸」の性質を持つこと。

[－雨(う)・－反応(はんのう)]

例文 ① 酸性雨は土や植物に悪影響を与える。

산성비는 토양과 식물에 악영향을 준다.

② リトマス試験紙で酸性反応を確かめる。

리트머스시험지로 산성반응을 확인한다.

206

海洋 【名】 かいよう

広い大きな海。

[－漁業(ぎょぎょう)]

例文 ① 海洋性気候の特徴は雨量が多く湿度が高い。

해양성기후의 특징은 우량이 많고 습도가 높다.

② 原始の海洋は35億年前に生じた。

원시의 해양은 35억 년 전에 생겼다.

207

大陸 【名】 たいりく

地球上の広大な陸地。

[ユーラシアー・－棚(だな)]

例文 ① オリンピックのマークは五大陸をイメージしている。

올림픽 마크는 5대륙을 이미지화한 것이다.

② 日本はユーラシア大陸の東に位置する。

일본은 유라시아대륙의 동쪽에 위치한다.

208

砂漠【名】さばく

雨量が乏しくて植物がほとんど生育せず、岩石や砂ばかり
の荒れ果てた荒野。

[－地帯(ちたい)]

例文 ① 砂漠化は気象にも影響を与えることがある。
　　　사막화는 기상에도 영향을 주는 수가 있다.

② 春になると中国の砂漠地帯から黄砂が飛んでくる。
　　봄이 되면 중국 사막지대에서 황사가 날아온다.

209

地震【名】じしん

地面が震動する現象。地殻内部の急激な変化によって起き
る。

[大(おお)－・－帯(たい)]

例文 ① 大地震が発生し、津波によって多くの犠牲者が出た。
　　　큰 지진이 발생하여 해일에 의해 많은 희생자가 나왔다.

② 地震の予知技術の開発はかなり進んでいる。
　　지진의 예측기술의 개발은 꽤 발달되어 있다.

210

洪水【名】こうずい

多量の雨や雪どけによって、河川の水が増加し、あふれ出て土地をひたすこと。おおみず。

[－警報(けいほう)]

例文 ① 洪水で河川地域の田畑が被害を受けた。

홍수로 하천지역의 논밭이 피해를 봤다.

② 入場者が洪水のように押し寄せる。

입장객이 홍수처럼 밀려온다.

最も適当な言葉を選びなさい。

01_ 産業の発展とともに、公害問題が出てくる。

> ① こうかい　② ごうかい　③ こうがい　④ ごうがい

02_ 天気予報を見なかったので傘の用意ができなかった。

> ① よほう　　② ようほ　　③ よぼう　　④ ようぼ

03_ 地球温暖化の問題に対していまだに対策がない。

> ① おんなん　② おんだん　③ おんたん　④ おうだん

04_ 彼女はけっこういい環境で育ったみたい。

> ① がんきよう　　　　② かんきょ
> ③ かんきょう　　　　④ がんきょ

05_ アフリカ象の生態調査のため現地に向かった。

> ① せいたい　　　　　② しょうたい
> ③ せいだい　　　　　④ しょうだい

下から漢字の単語を選びなさい。

06_ <u>さばく</u>の<u>きしょう</u>観測は大変難しく昼と夜の温度差も激しそうだ。

07_ この頃<u>じしん</u>や<u>こうずい</u>のニュースがよくみられる。

08_ 韓国は<u>たいりく</u>性気候で日本は<u>かいよう</u>性気候ともいえる。

> ① 洪水　　② 大陸　　③ 海洋　　④ 地震　　⑤ 気象
> ⑥ 砂漠

次のように説明できる単語を下から選びなさい。

09_ この世のあらゆる総称。物のありのままの状態。

10_ 産業の原料や材料になる物質。

11_ われわれ人間が住んでいる天体。

> ① 資源　　② 地球　　③ 自然

Chapter 8

文化（Ⅰ）（Ⅱ）

① 文化（Ⅰ）

211

文化【名】ぶんか

その人間集団の構成員に共通の価値観を反映した、物心両面にわたる活動の様式の総称。また、それによって創り出されたもの。
[伝統(でんとう)-・-財(ざい)]

例文 ① 日本文化の特質を考える。

일본문화의 특질을 생각한다.

② 渋谷に行けば、日本の若者文化に出会うことができる。

시부야에 가면 일본 젊은층의 문화를 만나 볼 수가 있다.

212

教養【名】きょうよう

文化に関する広い知識を身につけることによって養われる心の豊かさ・たしなみ。
[一般(いっぱん)-・無(む)-]

例文 ① 礼儀正しく、教養のある人は尊敬されるものだ。

예의 바르고 교양이 있는 사람은 존경받을 것이다.

② 教養を高めるために、たくさんの本を読もう。

교양을 높이기 위해 많은 책을 읽자.

213

伝統【名】でんとう

昔からうけ伝えて来た有形・無形の風習・しきたり・傾向・様
式。特に、その精神的な面。

[－文化(ぶんか)・－芸能(げいのう)]

例文 ① 日本の茶道は長い伝統を有している。

일본의 다도는 오랜 전통을 가지고 있다.

② 私の高校は伝統的に野球部が強い。

나의 고등학교는 전통적으로 야구부가 강하다.

214

芸能【名】げいのう

映画・演劇・歌謡・舞踊・落語など、大衆的娯楽の総称。演
芸。

[－界(かい)・－人(じん)]

例文 ① 伝統芸能は人びとによって伝承され、守られている。

전통예능은 사람들에 의해 전승되고 지켜지고 있다.

② タレントのうわさ話などの芸能ニュースを見るのが大好き
だ。

탤런트의 소문 등의 연예뉴스를 보는 것을 매우 좋아한다.

215

遺産【名】いさん

死後に残された財産。前代の人が残した業績。

[－相続(そうぞく)・文化(ぶんか)－]

例文 ① 父の遺産を相続した。

아버지의 유산을 상속받았다.

② 原爆ドームはユネスコの世界遺産に登録されている。

원폭 돔은 유네스코의 세계유산에 등록되어 있다.

216

国宝【名】こくほう

国の宝。特に、国家が指定して特別に保護・管理する建築物
や美術品など。

[人間(にんげん)－]

例文 ① 国の重要な文化財は国宝に指定される。

나라의 중요한 문화재는 국보로 지정된다.

② 歌舞伎役者の中村鴈二郎（なかむらがんじろう）は人間国宝
である。

가부키배우 나카무라 간지로는 인간국보이다.

217

保存【名】【他】ほぞん

そのままの状態を保つようにして、とっておくこと。

[永久(えいきゅう)ー・ー食(しょく)]

例文 ① 縄文時代の遺跡を保存する。

죠몽시대의 유적을 보존한다.

② キムチは保存がきき、すぐれた健康食品だ。

김치는 보존이 잘 되며 훌륭한 건강식품이다.

218

民族【名】みんぞく

人種と違って言語・宗教・生活慣習など、文化的な観点から
見て、共通意識をいだいているひとまとまりの人びと。

[少数(しょうすう)ー・ー主義(しゅぎ)]

例文 ① 民族はそれぞれ独自の文化を持つ。

민족은 각각 독자의 문화를 가진다.

② 中国には多くの少数民族が暮らしている。

중국에는 많은 소수민족이 살고 있다.

219

風土【名】ふうど

その土地の状態・気候・地味など。

[精神(せいしん)ー・ー病(びょう)]

例文 ① 国民性と風土とは深い関係がある。

국민성과 풍토와는 깊은 관계가 있다.

② 長く住んでいると、その国の風土になじむものだ。

오랫동안 살고 있으면 그 나라 풍토에 익숙해지는 것이다.

220

固有【名】こゆう

他のものにはなく、そのものの特徴として有る様子。

[ー名詞(めいし)]

例文 ① ひらがなとカタカナは日本固有の文字である。

히라가나와 가타카나는 일본고유의 문자이다.

② 山や川、動物名は固有名詞である。

산과 바다, 동물명은 고유명사이다.

221

宗教【名】しゅうきょう

神または何らかのすぐれて導く神聖なものに関する信仰。
また、その教えやそれに基づく行い。
[－心(しん)・新興(しんこう)－]

例文 ① 日本には仏教、神道、キリスト教などの宗教が並存している。
일본에는 불교, 신도, 기독교 등의 종교가 공존하고 있다.
② 1517年、宗教改革がルターによってなされた。
1517년, 종교개혁이 루터에 의해서 이루어졌다.

222

思想【名】しそう

その人の生活行動を規定し、統一する所の人生観・社会観・
政治観などの総合されたもの。
[－家(か)・－犯(はん)]

例文 ① 野生動物愛護の思想が高まっている。
야생동물 애호사상이 높아지고 있다.
② 人間は思想・信条の自由が保障されなければならない。
인간은 사상·신조의 자유가 보장되지 않으면 안 된다.

223

仏教【名】ぶっきょう

釈迦が紀元前五世紀ごろインドで始めた宗教。悟りを開き、また、救いにより成仏して宗教的自覚者となることを目的とする。

[－美術(びじゅつ)・－寺院(じいん)]

例文 ① 仏教はインドで起こり、主に東アジアに広がった。

불교는 인도에서 일어나 주로 동아시아에 퍼졌다.

② 生き物を大切にすることは仏教的な教えの一つだ。

생물을 소중히 하는 것은 불교적인 가르침의 하나다.

224

神道【名】しんとう

日本の民族信仰として伝えられた道。天照大神（アマテラスオオミカミ）を始め国家的・民族的な基礎を持つ神神を祭り、その教えを尊ぶ信仰。

[国家(こっか)－]

例文 ① 神道は日本固有の民族宗教である。

신도는 일본 고유의 민족종교이다.

② 明治以降、国家神道が形成されたが、第二次世界大戦後に解体された。

메이지 이후, 국가신도가 형성되었는데, 제2차 세계대전 후에 해체되었다.

225

儒教【名】じゅきょう

古代中国で起こった、孔子の思想に基づく教え。四書五経
を経典とする。

① 儒教は東アジア全体の文化に大きな影響を与えた。

유교는 동아시아 전체 문화에 큰 영향을 주었다.

② 朝鮮時代は儒教が国教だった。

조선시대에는 유교가 국교였다.

最も適当な単語を選びなさい。

01_ その＿＿の言語、宗教、生活習慣等から文化が生まれる。

     ① 人民   ② 民族   ③ 国宝   ④ 思想

02_ 学歴が高いといって＿＿のある人とはいいにくい。

     ① 財産   ② 芸能   ③ 知能   ④ 教養

03_ 缶詰やジャム等を＿＿食品という。

     ① 新鮮   ② 冷凍   ③ 保存   ④ 冷蔵

04_ 日本は昔からの＿＿を大事にする国である。

     ① 気候   ② 財産   ③ 風土   ④ 伝統

05_ 孔子の思想に基づく教えを＿＿という。

     ① 儒教   ② 道教   ③ 仏教   ④ 宣教

06_ どの民族もそれぞれ___の文化を持つ。

① 神道　　② 芸能　　③ 理想　　④ 固有

07_ 兄弟は、父の残した___で生活した。

① 学問　　② 慣習　　③ 遺産　　④ 遺跡

226

歴史【名】れきし

人間社会が経て来た流動・変遷の姿。その記録。

[－観(かん)・－上(じょう)]

例文 ① 歴史を学ぶことは現在の世界を理解することにつながる。

역사를 배우는 것은 현재의 세계를 이해하는 것으로 이어진다.

② 歴史上の人物では誰が好きですか。

역사상의 인물로는 누구를 좋아합니까?

227

東洋・西洋【名】とうよう・せいよう

アジアの東部の諸地方。

先進国としての欧米諸国。

[－人(じん)・－風(ふう)]

例文 ① シルクロードは東洋と西洋を結ぶ道となった。

실크로드는 동양과 서양을 잇는 길이 되었다.

② 日本に西洋思想が流入されたのは明治以降だ。

일본으로 서양사상이 유입된 것은 메이지 이후이다.

228

文明【名】ぶんめい

世の中が進み、精神的・物質的に生活が豊かである状態。

[物質(ぶっしつ)ー・西欧(せいおう)ー]

例文 ① 世界の四大文明はいずれも大河流域に発祥している。

세계 4대 문명은 모두 큰 하천유역에서 형성되고 있다.

② 機械文明によって失われた人間性を取り戻したい。

기계문명에 의해 잃어버린 인간성을 되찾고 싶다.

229

人類【名】じんるい

人間をほかの動物と区別して言うときの語。

[ー愛(あい)]

例文 ① 人類の祖先についてさまざまな学説がある。

인류의 조상에 대해 여러 가지 학설이 있다.

② 20世紀は人類始まって以来の激動期だった。

20세기는 인류시작 이래의 격동기였다.

230

先祖【名】せんぞ

家系の初代。一家の現存者以前の人びと。

[－代代(だいだい)・－伝来(でんらい)]

例文 ① 母方の先祖は旧伯爵家だった。

어머니 쪽 선조는 구 백작가문이었다.

② 先祖代代受け継がれた田畑を守ってきた。

조상대대로 이어받은 전답을 지켜왔다.

231

神話【名】しんわ

その氏族・部族・民族の神を中心にして、往古の事実として
伝えられた説話。

[ギリシアー・－時代(じだい)]

例文 ① ギリシア神話は世界中で読まれている。

그리스신화는 전 세계에서 읽혀지고 있다.

② 日本の建国神話は『古事記』に詳しい。

일본의 건국신화는 『고지키』에 자세히 기록되어 있다.

232

古墳【名】こふん

土を高く盛った古代の墓。

[－時代(じだい)]

例文 ① 慶州には新羅時代の古墳がたくさんある。
경주에는 신라시대의 고분이 많이 있다.
② 古墳発掘によって、新たな発見があった。
고분발굴로 인해 새로운 발견이 있었다.

233

天皇【名】てんのう

日本の象徴としての君主。

[－制(せい)・象徴(しょうちょう)－]

例文 ① 天皇と皇后は皇居に住んでいる。
천황과 황후는 황궁에 살고 있다.
② 天皇制の存在は日本人の思想に大きく影響している。
천황제의 존재는 일본인의 사상에 큰 영향을 주고 있다.

234

封建【名】ほうけん

君主が公領（＝君主の直轄領）以外の土地を諸侯に分け与えて、それぞれにその領地を治めさせること。

[ー制(せい)・ー主義(しゅぎ)]

例文 ① 封建時代は激しい身分制度が存在した。

봉건시대에는 엄격한 신분제도가 존재했다.

② 女性に対して封建的な考え方を持っている男性も多い。

여성에 대해 봉건적인 사고방식을 가지고 있는 남성도 많다.

235

幕府【名】ばくふ

武家時代に将軍が政務を執った所・機構。

[江戸(えど)ー]

例文 ① 1603年、徳川家康によって江戸幕府が開かれた。

1603년, 도쿠가와 이에야스에 의해 에도 바쿠후가 시작되었다.

② 江戸時代、佐渡島は幕府直轄地として金の採掘が行われた。

에도시대에 사도섬은 바쿠후 직할지로서 금의 채굴이 행해졌다.

236

武士【名】ぶし

昔、百姓・商人の上の階級。武道によって主君に仕えた、さむらい。

[－道(どう)]

例文 ① 江戸時代、武士階級には多くの特権があった。

무사시대에는 무사계급에는 많은 특권이 있었다.

② 武士道は自己の精神鍛練に禅を取り入れた。

무사도는 자기정신 단련을 위해 선을 받아들였다.

237

鎖国【名】【自】さこく

外国との通商や交通を禁止すること。

[－令(れい)]

例文 ① 日本の鎖国は1639年から1853年まで、2百余年続いた。

일본의 쇄국은 1639년부터 1853년까지 200여 년 계속되었다.

② 鎖国時代でも、オランダと中国から海外の情報は伝えられた。

쇄국시대에도 네덜란드와 중국에서 해외의 정보는 전해졌다.

238

伝来【名】【自】でんらい

祖先から代代、また外国から伝わって来ること。

[先祖(せんぞ)ー]

例文 ① 仏教は、中国、朝鮮半島を経て6世紀ごろ日本に伝来した。

불교는 중국, 조선반도를 거쳐 6세기경 일본으로 전래되었다.

② 鉄砲伝来は1543年ポルトガル人によってなされたと言われている。

대포의 전래는 1543년 포르투칼인에 의해 전해졌다고 한다.

239

資料【名】しりょう

研究・判断を行う基礎となる材料。

[参考(さんこう)ー・ー館(かん)]

例文 ① 必要な資料をそろえる。

필요한 자료를 갖춘다.

② 資料を見ながら結論を出す。

자료를 보면서 결론을 낸다.

240

文献【名】ぶんけん

筆録または印刷されたもの。書物や文書。

[参考(さんこう)- ・先行(せんこう)-]

例文 ① 論文を書くときは文献に細かくあたることが必要だ。

논문을 쓸 때는 문헌을 자세히 조사하는 것이 필요하다.

② 参考文献の一覧を論文の最後に添付すること。

참고문헌 일람을 논문의 마지막에 첨부할 것.

最も適当な単語を選びなさい。

01_ ナイル河から世界四大___の一つが生まれた。

> ① 文名　　② 文明　　③ 分明　　④ 文化

02_ ノーベル賞は___の平和と発展に貢献した人に贈られる。

> ① 人間　　② 先祖　　③ 人類　　④ 国家

03_ ソウル近郊でも百済時代の<u>古墳</u>が発掘された。

> ① こふん　② こうふん　③ ごふん　④ こぶん

04_ 彼は研究のために<u>文献</u>を集めた。

> ① もんけん　② ぶんけん　③ もんげん　④ ぶんげん

線で結び、最もふさわしい言葉にしなさい。

05_ ギリシア   天皇

06_ 伝来   神話

07_ 江戸   語

08_ 武士   階級

09_ 封建   幕府

10_ 鎖国   制度

11_ 昭和   政治

① 芸術

241

芸術【名】げいじゅつ

文芸・絵画・彫刻・音楽・演劇など、独特の表現様式によって
美を創作・表現する活動。また、その作品。

[-家(か)・-品(ひん)]

例文 ① ニューヨークは新しい芸術の中心地だ。

　　　뉴욕은 새로운 예술의 중심지이다.

　　② その指輪は芸術品としても一級だ。

　　　그 반지는 예술품으로서도 1급이다.

242

作品【名】さくひん

心をこめて制作したもの。文芸・美術・工芸など芸術上の制
作物。

[芸術(げいじゅつ)-]

例文 ① 専門学校の卒業制作作品展示会があります。

　　　전문학교의 졸업제작 작품 전시회가 있습니다.

　　② ルノアールの作品はいつ見ても美しい。

　　　르노아르의 작품은 언제 보아도 아름답다.

243

表現【名】【他】ひょうげん

心に思うこと、感ずることを、色・音・言語・所作などの形によって表しだすこと。その表した形。

[映像(えいぞう)ー・自己(じこ)ー]

例文 ① 愛情の表現は人によってさまざまだ。

애정표현은 사람에 따라 여러 가지이다.

② この芝居は演出家の意図がよく表現されている。

이 연극은 연출가의 의도가 잘 표현되어 있다.

244

対象【名】たいしょう

精神活動が向けられるもの。目標・相手。

[研究(けんきゅう)ー]

例文 ① 日本における韓流ブームは研究対象としても興味深い。

일본의 한류열풍은 연구대상으로서도 흥미롭다.

② 子どもを対象とした番組を制作する。

어린이를 대상으로 한 프로그램을 제작한다.

245

創造【名】【他】そうぞう

新しいものを自分の考えで創り出すこと。神が宇宙を創り
出すこと。

[天地(てんち)－]

例文 ① 最近の子どもたちに不足しているのは創造的能力ではない
か。

요즈음 어린이들에게 부족한 것은 창조적 능력이 아닐까?

② ラスコー洞窟の壁画にはエネルギッシュな創造性が見られ
る。

라스코 동굴벽화에서는 활발한 창조성이 보여진다.

246

想像【名】【他】そうぞう

実際に知覚に与えられていない物事を心の中に思い浮かべ
ること。

[－妊娠(にんしん)・－力(りょく)]

例文 ① 竜は想像上の動物だ。

용은 상상의 동물이다.

② 想像力を逞しくしてほしい。

상상력을 왕성하게 길렀으면 한다.

247

美術【名】びじゅつ

美の視覚的表現をめざす芸術。絵画・彫刻・建築・写真など。

[－品(ひん)・－館(かん)]

例文 ① 仏教は日本の美術に大きな影響を与えた。

불교는 일본의 미술에 큰 영향을 주었다.

② 美術品の輸送には細心の注意が必要だ。

미술품의 수송에는 세심한 주의가 필요하다.

248

絵画【名】かいが

絵。

[抽象(ちゅうしょう)－・－展(てん)]

例文 ① ヨーロッパの絵画の歴史について学ぶ。

유럽 회화의 역사에 대해 배운다.

② 新聞社主催の絵画展に出品して特賞をもらった。

신문사주최 회화전에 출품하여 특상을 받았다.

249

音楽【名】おんがく

音による芸術。器楽と声楽とがある。

[映画(えいが)ー・ー会(かい)]

例文 ① 好きな音楽を聞きながら紅茶を味わう。

좋아하는 음악을 들으면서 홍차를 음미한다.

② 彼は音楽的にもすぐれたセンスを持っている。

그는 음악적으로도 탁월한 센스를 가지고 있다.

250

作曲【名】【他】【自】さっきょく

詩や歌に節をつけること。楽曲をつけること。

[ー家(か)・ー法(ほう)]

例文 ① 「イマジン」はジョンレノンによって作曲された。

'imagine'은 죤 레논에 의해 작곡되었다.

② コンサートで新人作曲家の作品が演奏された。

콘서트에서 신인작곡가의 작품이 연주되었다.

251

演劇【名】えんげき

俳優が演出者の指導のもとに脚本に従って演技し、観客に見せる総合芸術。しばい。劇。

[大衆(たいしゅう)－・－界(かい)]

例文 ① シェークスピアの**演劇**は世界中で上演されている。

셰익스피어의 연극은 전 세계에서 상연되고 있다.

② 自主劇団で**演劇**祭に参加した。

아마추어 극단을 결성하여 연극제에 참가했다.

252

舞台【名】ぶたい

演劇などで、演劇を見せるための普通は見物席より高く台になっている場所。ステージ。

[－裏(うら)・－装置(そうち)]

例文 ① 長年の夢がかなって晴れの**舞台**に立つことができた。

오랫동안 품어왔던 꿈이 이루어져 공식무대에 설 수가 있었다.

② 世界を**舞台**に活躍するファッションデザイナーになりたい。

세계를 무대로 활약하는 패션디자이너가 되고 싶다.

253

歌舞伎【名】かぶき

江戸時代に発達・完成した、日本特有の演劇。

[－座(ざ)・－役者(やくしゃ)]

例文 ① 歌舞伎は江戸時代のエンターテインメントだった。

가부키는 에도시대의 엔터테인먼트였다.

② 歌舞伎役者は世襲制である。

가부키 배우는 세습제이다.

254

能【名】のう

室町時代に田楽などを基にして、世阿弥によって大成され
た、動きの少ない極度に様式化された劇。

[－舞台(ぶたい)・－装束(しょうぞく)]

例文 ① 能は世阿弥によって完成された。

노는 제아미에 의해 완성되었다.

② 夏の夜、野外で見る薪能は幻想的で美しい。

여름밤, 야외에서 보는 다키기노는 환상적이고 아름답다.

255

映画【名】えいが

高速度で連続撮影されたフィルムを映像機で映像幕に連続投影した映像によって、形や動きを再現するもの。

[ハリウッド一・一撮影(さつえい)]

例文 ① 恋人ができたら、いっしょに映画を見たい。

애인이 생기면 함께 영화를 보고 싶다.

② 釜山国際映画祭は毎年10月に開催される。

부산국제영화제는 매년 10월에 개최된다.

最も適当な言葉を選びなさい。

01_　すばらしい<u>芸術</u>は作者が死んだ後も長く残る。

　　　①けいじゅつ　　　　②げいじゅつ
　　　③けいじつ　　　　　④げいじつ

02_　<u>想像</u>力の全くない人は、小説家にはむかないだろう。

　　　①しょうぞう　　　　②しょぞう
　　　③そうぞう　　　　　④そうじょう

03_　ブロードウェイ本場の<u>舞台</u>が見たい。

　　　①むだい　　②むたい　　③ぶだい　　④ぶたい

04_　私は<u>えんげき</u>よりは映画の方が好きだ。

　　　①園劇　　　②楽劇　　　③演劇　　　④劇場

05_　午前中は主婦を___とするテレビ番組が多い。

　　　①代償　　　②対称　　　③対象　　　④大正

下から次の説明に当てはまる単語を選びなさい。

06_ 心に思うこと、感ずることを、色・音・言語などで表すこと（　　）。

07_ 室町時代からの劇として、動きが少なく、極度に様式化された
劇のこと（　　）。

08_ 新しいものを自分の考えで造り出すこと（　　）。

09_ 絵のこと（　　）。

10_ 詩や歌に節をつけること（　　）。

11_ 江戸時代からの日本特有の演劇（　　）。

①作曲　②表現　③創造　④絵画　⑤能　⑥歌舞伎

256

文学【名】ぶんがく

言語によって表現される芸術作品。文芸。文芸を研究する学問。

[近代(きんだい)－・－者(しゃ)]

例文 ① 彼は小説、詩、物語、随筆などの文学に詳しい。

그는 소설, 시, 모노가타리, 수필 등의 문학을 자세히 알고 있다.

② 日本の近代文学を研究するなら、まず夏目漱石と森鴎外を読みなさい。

일본 근대문학을 연구하려면, 우선 나쓰메소세키와 모리오가이의 작품을 읽으시오.

257

小説【名】しょうせつ

文学の一形態。作者の構想を通じて、人物や事件、人間社会を描き出そうとする、話の筋をもった散文体の作品。

[私(し)－・長編(ちょうへん)－]

例文 ① 寝る前に小説を読むのが習慣だ。

자기 전에 소설을 읽는 것이 습관이다.

② 最近若い女性に推理小説ファンが増えている。

최근 젊은 여성들 사이에 추리소설 팬이 늘고 있다.

258

随筆【名】ずいひつ

心に浮かんだ事、見聞きした事などを筆にまかせて書いた
文章。そういう文体の作品。

[－家(か)]

例文 ① 随筆はテーマが日常的で、読みやすい。

수필은 테마가 일상적이어서 읽기 쉽다.

② 平安時代の『枕草子』は女性によって書かれた初めての随筆
集だ。

헤이안시대의『마쿠라노소시』는 여성에 의해 쓰여진 최초의 수
필집이다.

259

詩【名】し

文芸の一形態。人間の生活・自然観照から得た感動を一種の
リズムをもつ言語形式で表したもの。

[叙情(じょじょう)－・－人(じん)]

例文 ① 詩集を自費出版した。

시집을 자비 출판했다.

② 詩の翻訳は小説よりも難しい。

시의 번역은 소설보다 어렵다.

260

評論【名】【他】ひょうろん

物事のよしあし・優劣・価値などについて論ずること。ま
た、その文章。

[文芸(ぶんげい)－・－家(か)]

例文 ① 作品の芸術性について、評論家の意見が分かれた。

작품의 예술성이 대해 평론가의 의견이 나뉘어졌다.

② 最新の映画について評論する機会を得た。

최신 영화에 대해 평론할 기회를 얻었다.

261

古典【名】こてん

古い時代に出来、現在まで、なんらかの価値が認められて
きた本。または、芸術作品。

[－劇(げき)・－音楽(おんがく)]

例文 ①『源氏物語』は日本の古典文学の代表的な物語である。

『겐지모노가타리』는 일본고전문학의 대표적인 모노가타리이다.

② モーツァルトは古典派に属する。

모짜르트는 고전파에 속한다.

262

和歌 【名】 わか

日本固有の形式による詩・長歌・短歌・旋頭歌などの総称。
特に、短歌。

[－集(しゅう)・宮廷(きゅうてい)－]

例文 ① 明治以前に作られた短歌を和歌と言う。

메이지 이전에 만들어진 단가를 와카라고 한다.

② 平安時代にはすぐれた和歌を詠む歌人が多かった。

헤이안시대에는 훌륭한 와카를 노래한 가인이 많았다.

263

俳句 【名】 はいく

5・7・5の17音から成る短い詩。発句。

例文 ① 国語の授業で俳句を作った。

국어 수업시간에 하이쿠를 지었다.

② 俳句は世界一短い詩と言われている。

하이쿠는 세계 제일의 짧은 시라고 일컬어지고 있다.

264

翻訳【名】【他】ほんやく

ある言語で表現された文章の内容を原文に即して他の言語に移しかえること。

[同時(どうじ)－・－家(か)]

例文 ① トルストイの小説を翻訳する。
톨스토이의 소설을 번역한다.

② 翻訳によって、微妙にニュアンスが違うのは仕方がない。
번역에 따라 미묘하게 뉘앙스가 다른 것은 어쩔 수 없다.

265

言語【名】げんご

一定のきまりに従い音声や文字・記号を連ねて意味を表すもの。また、その総称。そういう一まとまりの形式的な体系。ことば。

[口常(にちじょう)－・－障害(しょうがい)]

例文 ① 世界中ではさまざまな言語が話されている。
세계각지에서는 여러 가지 언어가 사용되고 있다.

② この風景は言語に絶する美しさだ。
이 풍경은 언어로 표현할 수 없는 아름다움이다.

266

外来語【名】がいらいご

もと外国語だったものが、国語の中に取り入れられた言葉。

例文 ① 欧米文化の摂取によって、外国語が外来語として定着した。

구미문학의 도입으로 외국어가 외래어로서 정착했다.

② 日本語では外来語はカタカナで表記する。

일본어에서는 외래어는 가타카나로 표기한다.

267

題材【名】だいざい

芸術作品や学術研究のテーマとなるもの。

例文 ① 戦争を題材にした小説が映画化された。

전쟁을 제재로 한 소설이 영화화 되었다.

② 卒業論文の題材を日本留学中に得た。

졸업논문의 제재를 일본유학 중에 얻었다.

268

描写【名】【他】びょうしゃ

あるがままの姿をうかび上がらせるように、えがき出すこと。

[心理(しんり)－]

例文 ① 浮世絵には昔の風俗がよく描写されている。
우키요에에는 옛날 풍속이 잘 묘사되어 있다.

② この作品は登場人物の心理描写がよくえがかれている。
이 작품은 등장인물의 심리묘사가 잘 그려져 있다.

269

解釈【名】【他】かいしゃく

文章や物事の意味を、受け手の側から理解すること。また、その理解したところを説明すること。その内容。

例文 ① このラストシーンは解釈が分かれる所だ。
이 라스트 신은 해석이 나누어지는 부분이다.

② 彼は生きている。そうとしか解釈のしようがない。
그는 살아있다. 그렇게 해석할 수밖에 없다.

270

批判【名】【他】ひはん

良い所、悪い所をはっきり見分け、評価・判定すること。

[自己(じこ)ー]

例文 ① 政府の政策を批判する。

정부의 정책을 비판한다.

② 彼は何に対しても批判的な態度をとる。

그는 무엇에 대해서도 비판적인 태도를 취한다.

最も適当な言葉を選びなさい。

01_　詩・小説・<u>随筆</u>・戯曲など、言語によって表す文芸のことを文学
という。

> ①しゅひつ　②ずいひつ　③すいひつ　④すひつ

02_　彼女は手紙に旅行先での風景について詳しく<u>描写</u>している。

> ①もうしゃ　②びょうしゃ　③びょしゃ④びょうし

03_　この事件について警察側の<u>かいしゃく</u>は次のようである。

> ①理解　　　②翻訳　　　③解釈　　　④説明

04_　彼の行動には<u>ひはん</u>の余地がない。

> ①評論　　　②解明　　　③判断　　　④批判

次に説明する言葉を下から選びなさい。

05_　物事のよしあし・優劣・価値などについて論ずること（　　　）。

06_ ある言語で書かれた原文を他の言語に移すこと（　　）。

07_ 古い時代に出来た作品として現在にもその価値のあるもの（　　）。

08_ 日本固有の形式による詩、長歌・短歌などがある（　　）。

09_ 世界一短いといわれる5・7・5の17音から成る日本の詩（　　）。

10_ 芸術作品や芸術研究のテーマになるもの（　　）。

古典　　和歌　　俳句　　翻訳　　題材　　評論

1 医療・福祉

271

医療【名】いりょう

医師によって治療すること。

[緊急(きんきゅう)ー・ー機関(きかん)]

例文 ① 住民に質の高い医療を提供する。

주민에게 질이 높은 의료를 제공한다.

② 緊急医療制度の整備が必要だ。

긴급의료제도의 정비가 필요하다.

272

患者【名】かんじゃ

病気で医者の治療を受ける人。病気にかかっている人。

[入院(にゅういん)ー・外来(がいらい)ー]

例文 ① 医者は患者の生命を預かる。

의사는 환자의 생명을 떠맡는다.

② 一人一人ていねいに患者を診る。

한 사람 한 사람 정성스럽게 환자를 진료한다.

273

看護【名】【他】かんご

けが人や病人の手当て・世話をすること。看病。

[－士(し)・－婦(ふ)]

例文 ① 将来、看護士の資格をとるつもりだ。

장래, 간호사 자격을 취득할 생각이다.

② 三年間、父の看護をしてきた。

3년 간 아버지의 간호를 해왔다.

274

診察【名】【他】しんさつ

病状・原因等を判断するために医者が患者の体を調べること。

[－室(しつ)・－券(けん)]

例文 ① 病院に行って医者の診察を受けたほうがいい。

병원에 가서 의사의 진료를 받는 편이 좋다.

② 診察した結果、どこも異常はない。

진료한 결과 어디에도 이상은 없다.

275

健康【名】【形】けんこう

すこやかさ。病気にかかっていず、元気で正常な状態。
[－診断(しんだん)・－食(しょく)]

例文 ① 年をとっても健康な体を保つ。
　　　나이가 들어서도 건강한 몸을 유지한다.
② 毎年、学校で健康診断を行う。
　　　매년, 학교에서 건강진단을 실시한다.

276

保健【名】ほけん

健康を保ち続けること。
[－所(じょ)・－体育(たいいく)]

例文 ① 保健所で成人病予防を呼びかける。
　　　보건소에서 성인병 예방을 홍보한다.
② 性教育を中学や高校の保健体育の授業で行う。
　　　성교육을 중학교와 고등학교의 보건체육수업에서 실시한다.

277

保険【名】ほけん

偶然の事故によって生じる損害を補償するために保険金を
定め、これに対し、あらかじめ一定の保険料を払う制度。
[生命(せいめい)－・－金(きん)]

例文 ① 社会人になったので、生命保険をかけることにした。

　　　 사회인이 되었기 때문에 생명보험을 가입하기로 했다.

　　 ② 交通事故に遭い、保険金をもらった。

　　　 교통사고를 당하여 보험금을 받았다.

278

喫煙【名】【自】きつえん

タバコを吸うこと。
[－室(しつ)・－車(しゃ)]

例文 ① 喫煙は健康に害を加える。

　　　 흡연은 건강에 해를 끼친다.

　　 ② 新幹線の喫煙席を予約する。

　　　 신칸센의 흡연석을 예약한다.

279

死亡【名】【自】しぼう

人が死ぬこと。

[－率(りつ)・－者(しゃ)]

例文 ① 昨日の爆発事故では多くの死亡者が出た。

어제 폭발사고에서는 많은 사망자가 나왔다.

② 予防医学の進歩で死亡率が下がった。

예방의학의 진보로 사망률이 낮아졌다.

280

福祉【名】ふくし

満足すべき生活環境。

[社会(しゃかい)－・－国家(こっか)]

例文 ① 公共の福祉サービスの充実がこれからの課題だ。

공공복지서비스의 충실함이 앞으로의 과제이다.

② 大学卒業後は社会福祉の仕事に取り組むつもりだ。

대학졸업 후에는 사회복지 일에 전념할 생각이다.

281

高齢【名】こうれい

高い年齢。高年。

[－者(しゃ)・－出産(しゅっさん)]

例文 ① 日本は今後高齢化がさらに進むだろう。

일본은 앞으로 고령화가 계속 진행될 것이다.

② 高齢出産だったが、無事に赤ちゃんを産むことができた。

고령출산이었는데, 무사히 아이를 낳을 수가 있었다.

282

老人【名】ろうじん

年をとった人。年寄り。

[－病(びょう)・－ホーム]

例文 ① 元気な老人が増えている。

건강한 노인이 늘고 있다.

② 一人暮らしなので、老人ホームに入居する。

혼자 살기 때문에 양로원에 입주한다.

283

介護【名】【他】かいご

身体や精神が健全でない状態にある人の行為を助ける世話。

[在宅(ざいたく) ー・ー保険(ほけん)]

例文 ① 介護保険で在宅サービスを受ける。

간병보험으로 재택서비스를 받는다.

② 4年間、両親を介護したが、精神的にも疲れてしまった。

4년 동안 부모를 간병했는데 정신적으로도 지쳐버렸다.

284

寿命【名】じゅみょう

命がある間の長さ。転じて、物がこわれずに働く期間。また、その限界。

[平均(へいきん)ー]

例文 ① 日本人の平均寿命はどんどん伸びている。

일본인의 평균수명은 점점 늘고 있다.

② この洗濯機はもう寿命だ。

이 세탁기는 이제 수명을 다했다.

285

年金【名】ねんきん

一定期間または終身、定めの念願で支払われる一定の金銭。厚生年金・国民年金など。

[国民(こくみん)ー・ー生活(せいかつ)]

① 来年から年金生活に入る

내년부터 연금생활로 들어간다.

② 政府は高齢者が増え、年金の支給開始を遅らせようとしている。

정부는 고령자가 증가하여 연금의 지급개시를 지연시키려 하고 있다.

次に説明する言葉を下から選びなさい。

01_ 医術で病気をなおすこと。

02_ 病気にかかっている人、その病気で医者の治療を受ける人。

03_ 病気にかかっていない、元気で正常な状態。

04_ タバコを吸うこと。

05_ 人が死ぬこと。

06_ 年をとった人、年寄り。

> ① 健康　　② 保険　　③ 死亡　　④ 喫煙　　⑤ 患者
> ⑥ 医療　　⑦ 老人

最も適当な言葉を選びなさい。

07_ 母が病気で昨夜は寝ずに<u>看護</u>した。

①かんごう　②がんご　　③かんご　　④がんごう

08_ 火曜日は眼科の___を予約してある。

①医療　　　②保健　　　③診察　　　④介護

09_ だいたい年をとると、___暮らしになる。

①年金　　　②老人　　　③介護　　　④福祉

線で結び、最もふさわしい言葉にしなさい。

10_ 社会　　　　　　　保険

11_ 平均　　　　　　　出産

12_ 生命　　　　　　　福祉

13_ 高齢　　　　　　　寿命

② スポーツ

286

運動【名】【自】うんどう

位置を変えて動くこと。からだを鍛え健康を保つためにからだを動かすこと。目的達成のために、いろいろな方面に働きかけて努力すること。

[－会(かい)・－神経(しんけい)]

例文 ① 毎日朝起きると、軽く運動する。

매일 아침 일어나면 가볍게 운동한다.

② 激しい選挙運動が繰り広げられた。

격렬한 선거운동이 전개되었다.

287

選手【名】せんしゅ

ある資格を持って、その競技・試合に出場し技能を競う人。

[－権(けん)・－交替(こうたい)]

例文 ① 私は小学校の時、必ずリレーの選手に選ばれた。

나는 초등학교 때, 항상 릴레이 선수로 뽑혔다.

② 試合中の大けがによって選手生命が絶たれた。

시합 중 큰 부상으로 선수 생명이 끝났다.

288

競技【名】【自】きょうぎ

技術の優劣を争うこと。特にスポーツの試合をすること。
また、スポーツのこと。
[陸上(りくじょう)－・－場(じょう)]

例文 ① 私は見るのもするのも、陸上競技が好きだ。
나는 보는 것도 하는 것도 육상경기가 좋다.
② オリンピックの誘致には競技場の建設が必要だ。
올림픽 유치에는 경기장의 건설이 필요하다.

289

大会【名】たいかい

多くの人々が集まる盛んな会合。また、ある組織の会合として最も大規模なもの。
[野球(やきゅう)－]

例文 ① 春と夏に全国高校野球大会が開催される。
봄과 여름에 전국고교야구대회가 개최된다.
② 設立50周年記念東京大会の運営を乗り切ろう。
설립 50주년 기념 도쿄대회의 운영을 끝까지 열심히 하자.

290

出場【名】【自】しゅつじょう

その場所に出ること。出て行って運動競技・演技などに参加
すること。

[初(はつ)ー・ー資格(しかく)]

例文 ① ワールドカップに初出場する。

월드컵에 처음 출전한다.

② 記録の更新により、選手権の出場資格を得た。

기록 갱신으로 선수권 출전 자격을 얻었다.

291

試合【名】しあい

競技や武芸などで互いに腕を比べ勝敗を争うこと。

[国際(こくさい)ー]

例文 ① 隣の高校とバスケットボールの試合がある。

이웃 고등학교와 농구시합이 있다.

② サッカーの国際試合はいつもエキサイティングだ。

축구 국제시합은 언제나 익사이팅하다.

292

対抗 【名】【自】 たいこう

互いに負けまいと競争すること。

[－意識(いしき)・－策(さく)]

例文 ① 各学科がスポーツ大会で対抗する。

각 학과가 체육대회에서 대결하다.

② 彼女は私にいつも対抗意識を燃やしているようだ。

그녀는 나에게 언제나 반항의식을 불태우고 있는 듯하다.

293

練習 【名】【他】 れんしゅう

技術や芸事などが上達するように同じ事を何度も繰り返して習うこと。

[－不足(ふそく)・－試合(しあい)]

例文 ① 何度も練習すれば、外国語も上達する。

여러 번 연습하면 외국어도 능숙해진다.

② 練習不足のため、試合に負けてしまった。

연습부족 때문에 시합에 져버렸다.

294

成績【名】せいせき

その事をして得られた結果。特に、仕事や学業のできばえ
に対する評価内容。

[学業(がくぎょう)ー・ー表(ひょう)]

例文 ① がんばった結果、予想以上に営業成績が上がった。

분발한 결과, 예상 이상으로 영업 성적이 올랐다.

② 今学期の成績はあまりよくなかった。

이번 학기의 성적은 그다지 좋지 않았다.

295

勝負【名】【自】しょうぶ

勝ち負け。勝ち負けを決めようと争うこと。

[真剣(しんけん)ー・ー事(ごと)]

例文 ① 延長戦の末、ようやく勝負がついた。

연장전 끝에, 겨우 승부가 났다.

② プロの勝負の世界は厳しいものだ。

프로의 승부세계는 비정한 것이다.

296

優勝 【名】【自】ゆうしょう

競技で第一位になること。

[－旗(き)・－杯(はい)]

例文 ① 日本語スピーチコンテストで優勝した。

일본어 웅변대회에서 우승했다.

② 全国優勝をめざして、厳しい練習に明け暮れる。

전국 우승을 목표로 엄격한 훈련에 몰두한다.

297

応援 【名】【自】【他】おうえん

力を添えて助けること。加勢。競技で拍手をし、声をかけて、味方やひいきの選手をはげますこと。

[－演説(えんぜつ)・－団(だん)]

例文 ① マラソン大会に出る友人を応援する。

마라톤대회에 나가는 친구를 응원한다.

② 選挙の応援演説にかけつける。

선거 응원연설로 분주하다.

298

野球【名】やきゅう

屋外スポーツの一つ。9人ずつ2組に分かれ、ボールを打って得点を争う。ベースボール。

[高校(こうこう)−・草(くさ)−]

例文 ① 日本はサッカーよりプロ野球の人気が高い。

일본은 축구보다 야구의 인기가 높다.

② 毎週日曜の朝は友人たちと草野球を楽しむ。

매주 일요일 아침에는 친구들과 동네야구를 즐긴다.

299

相撲【名】すもう

土俵の内で2人が取り組み、相手を倒すか、土俵の外に出すかすれば、勝ちとなる競技。日本で昔から行われ国技とされている。

[大(おお)−・−力士(りきし)]

例文 ① 年に6回、大相撲の本場所が開かれる。

일년에 6회 전국씨름 본 대회가 열린다.

② 子どもの頃、よく父と相撲を取ったものだ。

어린 시절 자주 아버지와 씨름을 했다.

300 体操 【名】たいそう

健康増進・維持のため手足を合理的に規則正しく動かして行う運動。

[器械(きかい)ー・ラジオー]

例文 ① 祖母は毎朝、ラジオ体操をしている。

할머니는 매일아침 라디오 체조를 하고 있다.

② クイズ番組を見ることは頭の体操になる。

퀴즈프로그램을 보는 것은 머리 체조가 된다.

最も適当な言葉を選びなさい。

01_ 健康の為には毎日＿＿＿することが大事である。

① 競技　　② 運動　　③ 大会　　④ 食事

02_ 山本さんは、立派な野球＿＿＿である。

① 委員　　② 学生　　③ 選手　　④ 団体

03_ 試合が始まり、みんな一所懸命に＿＿＿した。

① 得点　　② 真剣　　③ 予想　　④ 応援

04_ リズム<u>体操</u>時間になって音楽が流れた。

① たいそ　② だいそう　③ だいそ　④ たいそう

05_ 鈴木選手はけがして、今回の相撲大会には<u>出場</u>できなかった。

① しゅつじょう　　　② でじょう
③ でば　　　　　　④ でしょう

06_ 一生懸命<u>練習</u>した結果、いい成績をとった。

①れんしゅ　②れんしゅう　③えんしゅ　④えんしゅう

次に説明する言葉を下から選びなさい。

07_ その事をして得られた結果。

08_ 勝ち負け。

09_ 互いに負けまいと競争すること。

10_ 競技で第一になること。

①成績　　②勝負　　③優勝　　④対抗

1 ビジネス用語（Ⅰ）

301

商談【名】しょうだん

商売・取引に関する相談。

[－会(かい)]

例文 ① 大きな商談がまとまる。

중요한 상담이 해결된다.

② 商談を成立させるために、明日ニューヨークへ発つ。

상담을 성립시키기 위해 내일 뉴욕으로 출발한다.

302

出張【名】【自】しゅっちょう

仕事をするために勤務先以外の所に行くこと。

[－先(さき)・－旅費(りょひ)]

例文 ① 部長から、大阪へ出張を命じられた。

부장한테서 오사카로 출장을 명령받았다.

② 北京へ2泊3日で出張する。

베이징에 2박 3일로 출장간다.

303

営業【名】【他】【自】えいぎょう

営利を目的として事業をいとなむこと。そのいとなみ。商業上の事業。

[－時間(じかん)・－停止(ていし)]

例文 ① 新製品を営業しているが、なかなか成績が上がらない。

신제품을 영업하고 있는데 좀처럼 성적이 오르지 않는다.

② 食中毒が出たため、このレストランは営業停止になった。

식중독이 발생하여 이 레스토랑은 영업정지가 되었다.

304

企画【名】【他】きかく

ある事をするため、計画を立てること。もくろみ。

[－書(しょ)]

例文 ① 来週まで、次のイベントの企画書を提出してください。

다음주까지 다음 이벤트의 기획서를 제출해 주세요.

② 大学祭でロックコンサートを企画した。

대학축제에서 락 콘서트를 기획했다.

305

契約【名】【自】けいやく

私法上の効果を生じさせる目的で当事者の間に約束を取り
かわすこと。また、その約束。

[－書(しょ)・－期間(きかん)]

例文 ① 大リーグのヤンキースと二年間の契約を結ぶ。

메이저 리그의 양키스와 2년간 계약을 맺는다.

② 休みが少ないのは契約違反だ。

휴일이 적은 것은 계약위반이다.

306

書類【名】しょるい

公的な性質を帯びた事柄を用紙何枚かにわたって書き記し
た文書。

[重要(じゅうよう)－・－カバン]

例文 ① これは重要書類なので、部外秘とする。

이것은 중요서류이기 때문에 대외비밀로 한다.

② 明日まで、会議に必要な書類を作成してください。

내일까지 회의에 필요한 서류를 작성해 주세요.

307

報告【名】【他】ほうこく

与えられた任務について、その結果を述べること。述べた内容。

[近況(きんきょう)ー・ー書(しょ)]

例文 ① 中間報告をとりまとめて一覧表にすること。

중간보고를 정리하여 일람표로 할 것.

② たまには近況を報告するように。

가끔은 근황을 보고하도록.

308

在庫【名】【自】ざいこ

品物が、倉庫にあること。ストック。

[ー管理(かんり)・ー品(ひん)]

例文 ① その商品は現在在庫切れだ。

이 상품은 현재 재고가 다 떨어졌다.

② 在庫品はまだある。

재고품은 아직 있다.

309

注文【名】【他】ちゅうもん

品質・数量・形・寸法などを指定して、作らせたり届けさせ
たりすること。

[－生産(せいさん)・－品(ひん)]

例文 ① ラーメンを三つ注文する。
　　　라면을 3개 주문한다.

② 完成までに厳しい注文をつけられた。
　　　완성될 때까지 엄격한 주문을 받았다.

310

購入【名】【他】こうにゅう

買い入れること。

[－先(さき)・一括(いっかつ)－]

例文 ① 新入社員のためパソコンを一台購入した。
　　　신입사원을 위해 컴퓨터를 한 대 구입했다.

② この別荘の購入者は誰ですか。
　　　이 별장의 구입자는 누구입니까?

311
納期【名】のうき
商品等を納入する期限。

例文 ① 納期に遅れないように生産を急ぐ。
　　　납기에 늦지 않도록 생산을 서두른다.
　　② 必ず来月の納期を守ってください。
　　　반드시 다음 달의 납기를 지켜주세요.

312
原料【名】げんりょう
物を製造・加工するもとになる材料。

例文 ① 加工品の原料はほとんど海外に依存している。
　　　가공품의 원료는 거의 해외에 의존하고 있다.
　　② かまぼこの原料は白身の魚だ。
　　　가마보코의 원료는 흰 생선살이다.

313

品質【名】ひんしつ

良・不良が問題になる品物の性質。

[－管理(かんり)・－表示(ひょうじ)]

例文 ① 最近は日本のワインも品質がよくなってきた。

최근에는 일본의 와인도 품질이 좋아졌다.

② 詳細な品質表示が求められるようになった。

상세한 품질표시가 요구되게 되었다.

314

見本【名】みほん

全体の質・状態の実例の代表として人に知らせるための現
物。サンプル。

[商品(しょうひん)－・－市(いち)]

例文 ① このことは失敗のいい見本だ。

이는 실패의 좋은 견본이다.

② 各国の自動車の見本市が開かれた。

각국의 자동차의 견본시장이 열렸다.

315

単価【名】たんか

商品などの一個、または売買の単位とする1単位あたりの値
段。

例文 ① 単価100円で、100万個を生産する。

단가 100원으로 100만 개를 생산한다.

② 単価が安いので、いくら売っても儲けにならない。

단가가 싸기 때문에 아무리 팔아도 돈벌이가 되지 않는다.

最も適当な言葉を選びなさい。

01_ 午後は取引先と＿＿の約束がある。

  ① 場所   ② 時間   ③ 成功   ④ 商談

02_ 林さんは今月＿＿実績第一位の社員に選ばれた。

  ① 営業   ② 成績   ③ 出張   ④ 約束

03_ 企画部の金さんは今日も残業だ。

  ① えいぎょう ② そうむ ③ きかく   ④ けいり

04_ 商談がまとまり、契約された内容について＿＿を作成した。

  ① 序文   ② 企画   ③ 書類   ④ 数量

05_ リーさんの書いた報告書はとても分かりやすい。

  ①ほこく   ②ほうこく ③ほごく   ④ほうごく

正しい単語を下から選びなさい。

06_ 契約書には、<u>ちゅうもん</u>の内容とともに<u>たんか</u>及び、<u>のうき</u>についても明確に記することだ。

07_ この頃、<u>げんりょう</u>の輸入ができなくて商品の<u>ざいこ</u>があまりない。

08_ <u>こうにゅう</u>契約書を交した千葉さんは、アクセサリーの<u>ひんしつ</u>が、最初の<u>みほん</u>とかなり違うということで、クレームをつけた。

① 原料　　② 品質　　③ 見本　　④ 注文　　⑤ 単価
⑥ 納期　　⑦ 在庫　　⑧ 購入

② ビジネス用語 (Ⅱ)

316

本社・支社【名】ほんしゃ・ししゃ

会社の本店である事務所。
会社などの事業団体で、本社から分かれて事業をする支社。

例文 ① 私の会社は東京に本社がある。
　　　나의 회사는 도쿄에 본사가 있다.
　　② 神戸支社に転勤になった。
　　　고베지사로 전근하게 되었다.

317

本店・支店【名】ほんてん・してん

支店に対し、営業の本拠である店。
本店から分かれて出した店。でみせ。

例文 ① 本店の売上が落ちているのが心配だ。
　　　본점의 매상이 떨어지고 있는 것이 걱정이다.
　　② 富士銀行札幌支店長に栄転になった。
　　　후지은행 삿포로 지점장으로 영전이 되었다.

318

代理店【名】だいりてん

特定の会社と契約を結び、商取引の代理や仲介をする商店。

[広告(こうこく)ー・旅行(りょこう)ー]

例文 ① 旅行代理店に行って、飛行機のチケットを購入した。

여행대리점에 가서 비행기 티켓을 구입했다.

② 広告代理店は不況になると経営が厳しい。

광고대리점은 불황이면 영업이 힘들다.

319

取締役【名】とりしまりやく

株式会社（有限会社）の業務執行を担当する重役。

[代表(だいひょう)ー・ー会(かい)]

例文 ① 取締役社長鈴木一郎。

이사장 스즈키 이치로.

② 明日、定例の取締役会がある。

내일 정례 이사회의가 있다.

320

重役【名】じゅうやく

銀行・会社の主要な役に就いている人。取締役・監査役など。

[－会議(かいぎ)]

① 重要な議題は重役会議で決定される。
　중요한 의제는 중역회의에서 결정된다.

② 将来は重役まで昇進したい。
　장래에는 중역까지 승진하고 싶다.

321

部長【名】ぶちょう

その部の長。

[営業(えいぎょう)－]

① 今度来る佐藤部長は仕事に厳しいそうだ。
　이번에 올 사토부장은 일에 엄격하다고 한다.

② 高校時代、水泳部の部長をしていた。
　고교시절 수영부의 부장을 맡고 있었다.

322

課長【名】かちょう

官庁や会社などで、上司の命を受けて、その課の事務処理に責任を負う役の人。

[－代理(だいり)・－補佐(ほさ)]

例文 ① 山本さんは、入社5年目で課長に抜擢された。

야마모토 씨는 입사 5년째에 과장으로 발탁되었다.

② 1番に、山本課長へ電話です。

1번에 야마모토 과장에게 전화입니다.

323

総務【名】そうむ

組織体全体の運営に関する事務を処理すること。人。

[－部(ぶ)]

例文 ① 人事関係も総務部の仕事に入る。

인사관계도 총무부의 일에 들어간다.

② 総務的な仕事よりも営業の仕事が向いている。

총무적인 일보다 영업의 일이 적성에 맞는다.

324

人事【名】じんじ

官庁や会社などで、その成員の採用・退職や身分に関する事柄。

[－課(か)・－移動(いどう)]

例文 ① 来月、大きな人事異動があるそうだ。

　　다음 달 대단위 인사이동이 있다고 한다.

② その件は人事上の秘密なので、答えることができない。

　　이 건은 인사상의 비밀이기 때문에 대답할 수 없다.

325

取引【名】とりひき

売買の受け渡しをすること。営利のための経済行為。商行為。

[－先(さき)・－高(だか)]

例文 ① あの店とは昔から取引がある。

　　그 가게와는 옛날부터 거래가 있다.

② 政治上の取引によって、一応解決したらしい。

　　정치상의 거래에 의해서 일단 해결한 것 같다.

326

割引【名】わりびき

割り引くこと。

[－券(けん)・早朝(そうちょう)－]

例文 ① このスーパーでは割引券をくれる。

이 슈퍼에서는 할인권을 준다.

② 映画は早朝割引で見ると得する。

영화는 조조할인으로 보면 이득이다.

327

目標【名】もくひょう

それからはずれまい、そこまで届こう、届かせようとねらうもの。

[数値(すうち)－・－物(ぶつ)]

例文 ① 人生の目標は簡単には決まらない。

인생의 목표는 간단하게는 정해지지 않는다.

② 目標物を定めて歩くと、迷わないはずだ。

목표물을 정하고 걸으면 길을 잃지 않는다.

328

競争【名】【他】【自】

勝敗・優劣を他と争うこと。

[生存(せいぞん)ー・ー相手(あいて)]

例文 ① 彼は人の競争心理をよく利用している。

そ는 사람의 경쟁심리를 잘 이용하고 있다.

② 受験競争が激化した結果、塾が儲かった。

수험경쟁이 격화된 결과, 학원이 재미를 봤다.

329

銀行【名】ぎんこう

金銭の預入れ・貸付け・為替取引・手形割引などをする金融機関。

[ー員(いん)・ー預金(よきん)]

例文 ① お金を銀行に預けても、利子が低いので全然増えない。

돈을 은행에 맡겨도 이자가 낮아 전혀 늘지 않는다.

② 年末になると銀行強盗が増えてくる。

연말이 되면 은행 강도가 증가한다.

330 商社 【名】しょうしゃ

商事会社。貿易会社。

[外国(がいこく)ー・ー員(いん)]

例文 ① 海外で仕事をしたいので、商社に勤めたい。

해외에서 일을 하고 싶기 때문에 상사에 근무하고 싶다.

② 大きな商社は世界中に支社を持っている。

큰 상사는 전 세계에 지사를 가지고 있다

正しい読み方を下から選びなさい。

01_ 近くに大韓銀行の<u>支店</u>があるので貿易の<u>取引</u>に大変便利だ。

02_ 来週、ニューヨークの<u>本社</u>から重役の人が来るので<u>部長</u>は各<u>代理店</u>ごとに報告書を出すように指示している。

03_ 会社の<u>人事</u>のことは<u>総務</u>課で担当している。

04_ 近藤さんは若いが、大手会社の<u>取締役</u>だそうだ。

05_ もう涼しくなったのでエアコンは<u>割引</u>販売中である。

06_ <u>商社</u>マンの高橋さんは、営業実績が<u>目標</u>よりはるかに下まわっているので、<u>競争</u>相手の野原さんに会う度にいらいらする。

① もくひょう	② とりしまりやく	③ ぎんこう	④ だいりてん
⑤ じんじ	⑥ しょうしゃ	⑦ わりびき	⑧ きょうそう
⑨ そうむ	⑩ してん	⑪ ぶちょう	⑫ ほんしゃ
⑬ とりひき			

Chapter 12 キャンパス用語（Ⅰ）（Ⅱ）

① キャンパス用語（Ⅰ）

331

願書【名】がんしょ

願いの趣旨を書いた書面。

[入学(にゅうがく)－]

例文 ① 志望する大学へ入学願書を出す。

지망하는 대학에 입학원서를 낸다.

② 願書の他に成績証明書と卒業証明書も提出してください。

원서 외에 성적증명서와 졸업증명서도 제출해 주세요.

332

入試【名】にゅうし

入学試験の略。学校が入学者を選抜するために行う試験。

[大学(だいがく)－・－制度(せいど)]

例文 ① 来年度の入試日程が発表になった。

내년도 입시일정이 발표되었다.

② 大学入試制度の抜本的な改革が求められている。

대학입시제도의 근본적인 개혁이 요구되고 있다.

333

受験【名】【他】じゅけん

試験を受けること。

[大学(だいがく)ー・ー地獄(じごく)]

例文 ① 受験勉強に明け暮れる毎日だ。
　　　수험공부에 몰두하는 매일이다.

　　② 日本語能力検定試験を受験する。
　　　일본어능력검정시험을 본다.

334

合格【名】【自】ごうかく

一定の条件や資格にかなうこと。試験や検定などに及第することと。

[ー発表(はっぴょう)・ー品(ひん)]

例文 ① 希望した大学に合格できた。
　　　희망한 대학에 합격할 수 있었다.

　　② 出席が100パーセントの学生には合格点を与えるつもりだ。
　　　출석이 100%인 학생에게는 합격점을 줄 생각이다.

335

専攻【名】【他】せんこう

ある学問分野を専門的に研究すること。

[－科目(かもく)・－分野(ぶんや)]

例文 ① 私の専攻は児童心理学だ。

나의 전공은 아동심리학이다.

② 大学院に入学したいなら、詳しい専攻分野を決めなければならない。

대학원에 입학하고 싶으면 세부 전공분야를 정하지 않으면 안 된다.

336

授業【名】【自】じゅぎょう

学校などで学問・技術などを教え授けること。

[－中(ちゅう)・－料(りょう)]

例文 ① 月曜日の授業は9時に始まる。

월요일의 수업은 9시에 시작된다.

② 授業中におしゃべりをして注意された。

수업 중에 잡담을 하여 주의 받았다.

337

講義【名】【他】こうぎ

学問を解説すること。また、その話。特に大学での（演習・購読・実習以外の）授業。

[集中(しゅうちゅう)－・－録(ろく)]

例文 ① 朝から講義に出席した。

아침부터 강의에 출석했다.

② 日本文学における私小説について講義する予定だ。

일본문학에 있어서의 사소설에 대해 강의할 예정이다.

338

教科【名】きょうか

学校で、教育の目的・方法、生徒の発達などに応じて授業の材料を分けたもの。例、国語科・理科など。

[－課程(かてい)・－書(しょ)]

例文 ① 中学校の基礎教科をしっかり学習することが大切だ。

중학교 기초교과를 견실하게 학습하는 것이 중요하다.

② 試験問題は教科書の中から出します。

시험문제는 교과서 내에서 나옵니다.

339

必修【名】ひっしゅう

必ず単位として履修しなければならないと決められたこと、課目。

[－科目(かもく)]

例文 ① 教職課程には心理学や教育実習が必修科目としてある。

교직과정에는 심리학과 교육실습이 필수과목으로 되어 있다.

② 必修単位をとらないと進級できない。

필수학점을 취득하지 않으면 진급할 수 없다.

340

選択【名】【他】せんたく

幾つかの中からよい適当なものを選ぶこと。

[－科目(かもく)・－肢(し)]

例文 ① 外国語の選択科目は2単位以上の履修だ。

외국어 선택과목은 2학점 이상의 이수이다.

② 彼から重大な選択を迫られた。

그 사람한테서 중대한 선택을 강요받았다.

341

科目【名】かもく

種類分けした教科の一つひとつ。「課目」とも書く。

[必修(ひっしゅう)－・選択(せんたく)－]

例文 ① 高等学校の国語科には国語Ⅰ・国語Ⅱ・古典・現代文・国語表現などの科目がある。

고등학교의 국어과목에는 국어Ⅰ・국어Ⅱ・고전・현대문・국어표현 등의 과목이 있다.

② 大学卒業後、その科目だけを受講できる科目履修生という制度がある。

대학졸업 후 그 과목만을 수강할 수 있는 과목이수생이라는 제도가 있다.

342

履修【名】【他】りしゅう

規定の学科や課程などを定められた期間学ぶこと。

[－届(とどけ)・－登録(とうろく)]

例文 ① 今年度は30単位を履修した。

금년도는 30학점을 이수했다.

② 履修届の期日を間違えないでください。

수강신청의 기일을 지켜주세요.

343

申請【名】【他】しんせい

国や公共団体の機関に許可・認可等を求めること。

[−書(しょ)・−人(にん)]

例文 ① 奨学金の申請を行う。

장학금 신청을 한다.

② パスポートを申請しに県庁に行った。

여권을 신청하러 현청에 갔다.

344

単位【名】たんい

高等学校以上で、学習量をはかる基準の量。

[履修(りしゅう)−]

例文 ① 卒業するには8単位足りない。

졸업하기에는 8학점이 모자란다.

② 来年は一つも単位を落とさないつもりだ。

내년은 하나라도 학점을 놓치지 않을 생각이다.

345

評価【名】【他】ひょうか

物の価値や価格を論じて決めること。教育で児童・生徒の学習成果について判定すること。

[自己(じこ)－・絶対(ぜったい)－]

例文 ① あの先生は評価が甘いという評判だ。

저 선생님은 평가가 후하다는 평판이다.

② 大リーグでもイチロー選手の評価は高い。

메이저리그에서도 이치로 선수의 평가는 높다.

② キャンパス用語（Ⅱ）

346

進級【名】【自】しんきゅう

等級・学年が上位に進むこと。

例文 ① 来年は小学六年生に進級する。

내년은 초등학교 6학년으로 올라간다.

② 進級できたら、来年こそは真面目に勉強するつもりだ。

진급할 수 있다면 내년만큼은 성실히 공부할 생각이다.

347

留年【名】【自】りゅうねん

学生が卒業・進級できず、原級にとどまること。

例文 ① 来年は留年して研究をやり直す予定だ。

내년은 유급해서 연구를 다시 할 예정이다.

② 単位が足りず、留年が決まってしまった。

학점이 모자라, 유급이 결정되어 버렸다.

348

理系・文系【名】りけい・ぶんけい

理科の系統。理科系。

文科の系統。文科系。

例文 ① 医学部・工学部・理学部・農学部などは理系だ。

의학부・공학부・이학부・농학부 등은 이과계열이다.

② 法学部・経済学部・文学部・社会学部・芸術学部などは文系だ。

법학부・경제학부・문학부・사회학부・예술학부 등은 문과계열이다.

349

教授【名】【他】きょうじゅ

学術・芸事を教え授けること。大学および旧制の高等学校・専門学校で、講義・研究する職の人。

[名誉(めいよ)－・個人(こじん)－]

例文 ① 佐々木三郎先生は北東大学の名誉教授だ。

사사키사부로 선생님은 토호쿠대학의 명예교수이다.

② 大学の運営や教務事項は教授会によって承認される。

대학의 운영과 교무사항은 교수회의에 의해 승인된다.

350

講師【名】こうし

講演・講習を行う人。大学などで嘱託を受けて授業を担当する人。また、助教授の下、助手の上に位する教員の職名。
[非常勤(ひじょうきん)－]

例文 ① 定年後、非常勤講師として授業を持つ先生が多い。

정년 후, 시간강사로 수업을 담당하는 선생님이 많다.

② 本日の講演会の講師は中村花子先生です。

오늘 강연회의 강사는 나카무라 하나코 선생님입니다.

351

指導【名】【他】しどう

ある目的に向って教え導くこと。
[個人(こじん)－]

例文 ① 有名なコーチの指導を受ける。

유명한 코치의 지도를 받는다.

② ぜひ、先生方の指導力を発揮していただきたい。

꼭 선생님의 지도력을 발휘해 주셨으면 한다.

352

先輩・後輩【名】せんぱい・こうはい

学問・年齢・地位などが自分より上の人。また、同じ学校・
勤務先などで、さきにはいった人。
学問・年齢・地位などが自分より下の人。また、同じ学校・
勤務先などで、あとから入った人。
[大(だい)ー]

例文 ① 同じ大学の先輩と後輩という間柄だ。
같은 대학의 선배와 후배 사이이다.
② 後輩の面倒をみることも先輩としての役割だ。
후배를 보살피는 것도 선배로서의 역할이다.

353

卒論【名】そつろん

卒業論文の略。大学を卒業しようとする者が提出して審査
を受ける論文。
[ー指導(しどう)]

例文 ① 卒論のタイトルとテーマ、そして構想を提出すること。
졸업논문의 타이틀과 테마, 그리고 구상을 제출할 것.
② 卒論の締め切りは1月中旬までだ。
졸업논문의 마감은 1월 중순까지이다.

354

実習【名】【他】じっしゅう

教えられた知識を基として、実地に就いて技術を習得すること。

[教育(きょういく)-・-生(せい)]

例文 ① 教育実習を経験して、教師になりたいと思った。
　　　교육실습을 경험하여 교사가 되고 싶다고 생각했다.
　　② 実習報告書を教務課に提出してください。
　　　실습보고서를 교무과에 제출해 주십시오.

355

合宿【名】【自】がっしゅく

同じ宿舎に泊まりこむこと。特に、スポーツの練習や研修などの目的をもって、グループで行うこと。

[教化(きょうか)-・-所(じょ)]

例文 ① 夏期合宿は7月末から1週間だ。
　　　하기합숙은 7월 말부터 1주일간이다.
　　② 合宿所は山の中にあって環境がよい。
　　　합숙소는 산 속에 있어서 환경이 좋다.

356

奨学【名】しょうがく

学術研究を助けること。学業の継続を援助すること。

[－生(せい)・－金(きん)]

例文 ① 経済的な理由で、高校の時から奨学生だった。

경제적인 이유로 고등학교 때부터 장학생이었다.

② 奨学金がなければ、生活は難しいかもしれない。

장학금이 없으면 생활은 어려울 지도 모른다.

357

学割【名】がくわり

学生割引の略。鉄道運賃・入場料などを、学生・生徒を対象に割り引くこと。

[－料金(りょうきん)]

例文 ① 映画は学割で見ると安い。

영화는 학생할인으로 보면 싸다.

② 学割申請をして証明書をもらった。

학생할인 신청을 하여 증명서를 받았다.

358

合コン【名】【自】ごうこん

合同コンパの略。男子学生と女子学生など2つ以上のグルー
プが合同で行うコンパ。

例文 ① 来週、合コンがあるので、人を集めなければならない。
　　　다음주, 미팅이 있기 때문에 사람을 모으지 않으면 안 된다
　　② 合コンで知り合って、付き合っているカップルも多い。
　　　미팅에서 만나 사귀고 있는 커플도 많다.

359

図書館【名】としょかん

図書・記録やその他の資料・情報を収集・整理・保存して利用
に供する施設。
[学校(がっこう)ー・公共(こうきょう)ー]

例文 ① 図書館で勉強するのが一番集中できる。
　　　도서관에서 공부하는 것이 가장 집중할 수 있다.
　　② 必要な資料は図書館司書に探してもらえるはずだ。
　　　필요한 자료는 도서관 사서에게 검색해 받을 수 있을 거다.

360

寮【名】りょう

同じ組織や団体に属する条件を備えた人たちが自分の家と
して生活する建物。

[学生(がくせい)—・—生(せい)]

例文 ① 私は全寮制の高校に通った。

나는 전교생 기숙사제도 고등학교에 다녔다.

② 寮生同士でお酒を飲むことも多い。

기숙사생끼리 술을 마시는 일도 많다.

正しい読み方を下から選びなさい。

01＿ 大学入試のための手順は、まず受験生は希望する大学に願書を
　　 出す。その際には、自分の専攻について十分考えて、学科を選
　　 択することだ。試験に合格した人は入学式を経てから、各教科
　　 ごとに講義を受けるためのテキスト準備などをしなければいけ
　　 ない。科目ごとにきちんと単位をとるためには必修科目および
　　 選択科目を正しく履修できるように受講申請をすることが大事
　　 である。
　　 単位がとれないと進級できず、留年となるので十分気をつける
　　 ことである。

　　┌─────────────────────────────────┐
　　│ ①しんきゅう　②がんしょ　③せんこう　④ごうかく │
　　│ ⑤きょうか　　⑥かもく　　⑦にゅうし　⑧たんい │
　　│ ⑨じゅけん　　⑩せんたく　⑪こうぎ　　⑫ひっしゅう │
　　│ ⑬りゅうねん　⑭りしゅう │
　　└─────────────────────────────────┘

02＿ 私の知り合いの朴君は、もともと優秀な学生だが、寮に住みな
　　 がら、夜遅くまで図書館で勉強して、大学四年間ずっと奨学金
　　 で勉強したそうだ。彼は指導教授や先輩との人間関係も大変よ
　　 かったようだ。

① としょかん　　　② きょうじゅ
③ せんぱい　　　　④ りょう

次に説明する言葉を書きなさい。

03_ 学生割引の略語　（　　　　　）

04_ 男子と女子学生達のミーティングのこと、日本の大学の合同コ
ンパの略語（　　　　）

한자용어로 배우는 日本語

초판 1쇄 인쇄일   2005년 11월 22일
초판 1쇄 발행일   2005년 11월 29일

지은이 • 임명수, 하야시 토모코
펴낸이 • 박영희
표   지 • 최은영
편   집 • 최은경
펴낸곳 • 도서출판 어문학사
132-891 서울시 도봉구 쌍문동 525-13
전화 (02) 998-0094 | 팩스 (02)998-2268
E-mail : am@amhbook.com
URL : 어문학사
출판등록 : 2004년 4월 6일 제7-276호

인지는
저자와의
합의하에
생략함

ISBN   89-91222-49-8 13730

가격   12,000원

• 잘못된 책은 교환해드립니다.